DU

DESSÈCHEMENT

DU

LAC DE HARLEM.

[illegible]

[illegible]

[illegible]

[illegible]

DU DESSÈCHEMENT DU LAC DE HARLEM,

PAR

M. GEVERS d'ENDEGEEST,

Conseiller d'État, Membre de la seconde chambre des États généraux.
Président de la Commission pour le dessèchement du lac de Harlem.

Première partie,
(1 Octobre 1843.)

LEIDE,
CHEZ S. ET J. LUCHTMANS.
1844.

TABLE DES MATIÈRES.

—

PRÉFACE.

§ 1. Depuis quatre ans on avait vu s'élever autour du lac de Harlem une vaste digue d'enceinte, bordée d'un large canal. Les ouvrages servant à la dérivation des eaux vers les écluses de Katwijk sur la mer du nord avaient été grandement élargis. Le canal du Spaarne, conduisant les eaux vers les écluses de Sparendam venait d'être approfondi, et ses bords enrichis d'un chemin de halage; on admirait près de ces écluses les solides fondemens sur pilotis d'une énorme machine à vapeur pour accélérer l'écoulement des eaux dans l'Y, et au midi du lac, ceux d'une autre machine plus colossale encore, pour extraire les eaux du lac même. Ce mouvement, ces travaux autour du lac et sur des points plus éloignés devaient tendre au dessèchement de cette mer intérieure, afin de créer des terres fertiles, là où s'agitent encore les vagues.

§ 2. Voilà ce que n'ignorait aucun de ceux, qui ont observé avec quelqu'attention les grands travaux, dont on s'occupe dans les deux Provinces de Hollande; mais on ne possède pas en général des idées assez claires sur les dessèchemens et sur tout ce qui s'y rapporte, et l'on pouvait désirer mieux comprendre l'ensemble et le but de ces ouvrages divers. Les étrangers surtout ignorent tout ce que le sol de la Hollande présente de particulier, on peut dire de compliqué, par rapport à la différence du niveau de ses plaines, de ses canaux, de ses polders d'avec celui des mers et des fleuves, qui l'environnent, ils ne peuvent donc avoir qu'une idée très imparfaite de la marche des travaux et des combinaisons nécessaires pour opérer un dessèchement tel que celui du lac de Harlem. Cependant cette entreprise, importante déjà par les énormes dépenses qu'elle occasionne, est aussi tellement extraordinaire sous le rapport des travaux d'art et surtout de l'emploi d'un nouveau système de machines à vapeur, que des ingénieurs et les savans de tous les Pays, qui s'occupent de grands travaux hydrauliques, ont les yeux fixés sur ceux, que nous avons osé entreprendre.

§ 3. Dans cet état de choses et principalement dans l'intention d'être utile à ceux de mes compatriotes, qui désirent connaître les détails de nos opérations, j'ai publié l'an dernier la première partie de mon opuscule écrit en Hollandais *sur le dessèchement du Lac de Harlem.* Il devait fournir à ceux qui, sans en faire un objet d'études spéciales, s'intéressent à notre entreprise, les données nécessaires pour la bien comprendre. Il devait faire connaître l'histoire et l'ensemble du dessèchement et ses progrès au premier Octobre 1843: s'il était favorablement accueilli, une seconde et troisième partie devaient successivement rendre compte des progrès ultérieurs de l'entreprise. La prompte publication d'une seconde édition semble avoir en quelque sorte garanti cet accueil; mais, comme il importe qu'à l'étranger (1) aussi, l'on n'ignore pas ce qui

(1) Le *Bulletin du musée de l'industrie*, par Mr. JOBARD (année 1844, 1re livraison) contient un article intitulé *Dessèchement du Lac de Harlem*, accompagné d'une partie de deux des plans, qui sont joints à mon ouvrage, dont cet article n'est d'ailleurs qu'un extrait, mais sans indication de la source. Il est impossible de donner en 8 pages un aperçu quelque peu exact d'une matière si étendue. Cet article n'a donc pu m'épargner la peine d'une traduction, que d'autres occupations urgentes m'ont empêché de commencer plus tôt; traduction libre d'ailleurs et débarassée de plusieurs détails. J'ai cru cependant devoir con-

se fait de grand chez nous, j'ai pensé, qu'une traduction de mon opuscule dans une langue comprise partout serait le meilleur moyen d'atteindre le but, que je me propose: d'ailleurs, s'il peut-être profitable aux autres nations, de connaître nos expériences et nos tentatives, nous ne devons pas les leur laisser ignorer. Au siècle où nous vivons, chaque entreprise utile et belle doit être publiée et recommandée, car elle est du domaine de tous.

---

server, pour la facilité de la recherche et des citations, le même nombre de paragraphes — il s'en est suivi pour plusieurs, une briéveté peutêtre trop grande, là ou des détails sans intérêt pour l'étranger semblaient devoir être retranchés, mais c'est un moindre inconvénient que celui d'une division différente. — Pour les autres parties la traduction ira de pair avec le texte Hollandais.

I.

Les Administrations pour les ouvrages hydrauliques.

(*Waterschappen*).

§ 4. Sans les digues, qui nous protègent, il arriverait, comme au temps des anciens Bataves, que les crues des rivières ou les hautes marées inonderaient notre pays, souvent en été et presque continuellement en hiver. Les digues en nous garantissant de ce fléau ont rendu notre sol habitable. On a donc opposé successivement une innombrable quantité de hautes et fortes digues aux invasions de la mer et des rivières, et de digues moins considérables aux déplacemens des eaux intérieures.

§ 5. A l'aide des dunes (1) ou d'autres terrains élevés, auxquels les digues viennent aboutir, on a depuis les temps les plus reculés, partagé le pays en districts plus ou moins étendus, d'après les circonstances et les besoins. Ces districts ont été placés successivement sous des administrations régulières, auxquelles le Souverain assurait des pouvoirs et des droits; connues sous plusieurs noms différens, elles seront désignées dans cet ouvrage sous celui *d'Administrations pour les ouvrages hydrauliques*. Elles sont de la plus haute importance pour la conservation du sol; elles ont été respectées à travers les troubles et les révolutions, malgré toutes les divisions et subdivisions du pays, soit administratives soit judiciaires.

§ 6. Quelques unes de ces Administrations exercent leur

(1) Ce qui se dit ici et plus loin, concernant les administrations hydrauliques et les polders, se rapporte plus particulièrement à la plus grande partie des deux Provinces de Hollande.

autorité sur une grande étendue de terrain, comme, dans la Hollande proprement dite, celle du Rhinland, dans la quelle se trouve le lac de Harlem. D'autres sont moins grandes, comme le Delftland, dans lequel est situé la Haye.

§ 7. Leur objet principal a toujours été de créer et d'entretenir des moyens de défense contre l'envahissement des eaux, soit de la mer, soit des rivières, soit des districts adjacens; on peut désigner toutes ces différentes eaux, auxquelles s'oppose l'enceinte d'une administration hydraulique, sous le nom général *d'eaux extérieures*.

§ 8. Mais à l'intérieur des digues de grandes étendues d'eau se forment aussi, soit par les pluies et les neiges, soit par l'infiltration des eaux extérieures, soit par des sources naturelles mais généralement rares. Ces *eaux intérieures*, quoique s'évaporant en partie par les vents et la chaleur, s'élèveraient néanmoins trop haut dans l'enceinte des digues, si elles ne pouvaient s'écouler, et inonderaient le pays tout aussi bien que les eaux extérieures.

§ 9. Chaque digue d'enceinte a donc du être munie d'une ou de plusieures écluses, pour laisser écouler ces eaux intérieures dans les eaux extérieures, toutes les fois, que les reflux ou les vents de terre abaissent suffisamment le niveau de ces dernières.

§ 10. Quand même, pour opérer cet écoulement on eut pu se passer d'écluses, encore eut-il fallu en établir dans plusieurs localités, pour donner passage aux vaisseaux et barques de toute espèce dans un pays de navigation intérieure comme le nôtre. Plusieurs écluses servent donc à la fois, et pour l'écoulement des eaux, et pour le passage des vaisseaux, par exemple dans le Rhinland au village de *Sparendam* (1).

(1) Voir la Carte N°. I.

§ 11. Souvent les écluses ne servent qu'au seul écoulement des eaux, comme au canal de Katwyk, et à Michemin Amsterdam et Harlem, point que nous nommerons dorénavant pour plus de brièveté *Mi-chemin*, sans ajouter le nom des deux villes.

§ 12. Lorsque contre ces écluses viennent s'appuyer des eaux douces extérieures, comme celles des rivières et des administrations limitrophes, elles servent souvent à faire entrer ces eaux, lorsque, pendent de longues sécheresses l'évaporation absorbe les eaux intérieures. L'été de 1842 en a offert l'exemple : on vit alors le Delftland et le Schieland obtenir ainsi une abondance d'eau douce par leurs écluses situées sur la Meuse, tandis que dans le Rhinland attenant à ces districts, mais privé de ce même avantage, les fossés demeurèrent à sec pendant des semaines entières : car les principales écluses du Rhinland s'opposent à des eaux extérieures *salées*, et celles là n'y sont jamais, ailleurs très rarement, admises, étant nuisibles au bétail et à la végétation.

§ 13. Une administration hydraulique comprend donc un district de plus ou moins grande étendue, fermé au moyen de digues, en état de s'opposer aux eaux extérieures, et pourvues d'écluses pour servir à l'écoulement des eaux intérieures, au passage des vaisseaux, et quelquefois à l'admission des eaux extérieures en temps de sécheresse.

II.

Le Bassin.

(*De Boezem*).

§ 14. Chaque administration hydraulique, comme il

(1) Voir la Carte N°. I.

est dit, contient des eaux intérieures ; ce sont des lacs ou des marais endigués, quelquefois notablement aggrandis même après cet endiguement ; des rivières et des criques fermées ; des canaux et des fossés creusés ; souvent aussi des tourbières transformées en lacs. Pour autant que ces eaux intérieures sont en communication directe et libre entre elles et avec les écluses, et par conséquent au même niveau, elles portent toutes, prises ensemble, le nom de *boezem*, pour lequel nous adoptons celui de *Bassin*.

§ 15. Quelquefois la même administration a plus d'un de ces bassins, autrement dit, un bassin non continu, comme dans le Schieland. D'autres fois une partie du bassin continu peut être, au moyen de petites écluses, temporairement séparé du reste, comme dans le Rhinland la partie située au midi du Rhin.

§. 16. Le niveau ordinaire du bassin est en général un peu plus bas que celui, qu'auraient les eaux en été, si le pays n'était pas endigué. Le niveau du bassin d'une administration hydraulique quelconque, ne diffère donc ordinairement guère de celui des administrations adjacentes. La différence dépend des localités.

§ 17. Les bassins forment la voie naturelle pour la navigation intérieure. Si leurs niveaux diffèrent, des écluses à Sas servent à faire passer les bateaux et vaisseaux de l'un dans l'autre.

§ 18. Chaque Administration hydraulique contient des terrains d'une hauteur différente ; quelques uns sont plus élevés que le niveau ordinaire du bassin, et laissent par conséquent s'écouler sur celui-ci, sans avoir recours à des ouvrages d'art, la surabondance des eaux pluviales qu'ils reçoivent. On peut les nommer ***terrains naturels*** (1).

(1) En Hollandais on les nomme *Boezemlanden*, littéralement traduit : *Terrains du Bassin*.

§ 19. D'autres sont plus bas que le niveau du bassin. Ce sont les polders, et les terrains desséchés, dont il sera parlé ci-après. Toutes leurs eaux surabondantes provenant des pluies, de l'infiltration et des sources (§ 8) doivent en être enlevées par les moulins et être déversées dans le bassin.

§ 20. Le bassin *reçoit* donc et les eaux, qui découlent des terrains naturels, et celles que les moulins déversent des polders et des terrains desséchés. Il *conduit* les unes et les autres aux écluses où elles s'écoulent, toutes les fois que les eaux extérieures sont assez basses pour le permettre, et que les écluses ne sont pas fermées à dessein; ou bien le bassin les *contient*, pendant tout le temps que la trop grande élévation des eaux extérieures empêche l'écoulement. Le bassin sert enfin quelques fois de *réservoir* pour une certaine provision d'eau, afin d'être utilisée pendant une sècheresse prolongée.

§ 21. Lorsque les écluses sont *fermées à dessein*, c'est pour empêcher le trop grand écoulement en été; sans cela le bassin pourrait perdre trop d'eau pendant cette saison; car les écluses sont en général construites de manière, à ce qu'elles s'ouvrent de soi-même du moment ou les eaux intérieures sont plus élevées que les eaux extérieures; c'est lorsque le bassin s'est abaissé jusqu'à un certain degré de l'échelle des eaux, que la fermeture des écluses (1) a lieu pour toute la durée de cet abaissement.

§ 22. Si le bassin est grand, comme dans le Rhinland, il exige beaucoup de temps pour l'écoulement de ses eaux et n'en demande pas moins pour être suffisamment alimenté en temps de sécheresse. C'est là sans doute un inconvénient; mais d'un autre côté tout grand

(1) Cette fermeture s'appelle en Hollandais *het stempelen*.

bassin a le double avantage, d'abord qu'il peut recevoir une grande masse d'eau sans s'élever sensiblement, ce qui permet aux moulins d'y déverser à volonté toutes celles qu'ils tirent des polders ; ensuite d'en pouvoir conserver en été une vaste provision, que ne sauraient faire disparaitre l'évaporation ni l'alimentation des polders.

§ 23. Car tout polder possède quelque vanne, destinée à admettre au besoin l'eau du bassin ; il ne faut que peu de sécheresse et de chaleur pour faire naître ce besoin. Chose étrange ! ces terrains si bas, en partie marécageux pendant l'hiver, souffrent très vite du manque de pluie en été. L'infiltration ni les sources, rares d'ailleurs, ne leur donnent pas alors assez d'humidité.

§ 24. Le bassin est-il au contraire petit, alors il a bien en hiver l'avantage d'un prompt écoulement ; mais il a l'inconvénient de se remplir tout aussi vite par les eaux des polders, qu'y déversent les moulins ; en sorte que ceux ci doivent s'arrêter à chaque instant, ou bien les terrains naturels seraient submergés d'abord, et les digues des polders, souvent basses et faibles, ensuite.

§ 25. Tel est le cas par exemple dans le Delftland. On y voit souvent, par la raison que je viens de dire, les polders entièrement inondés, semblables à des lacs, et cependant les moulins immobiles malgré un vent favorable. Les environs de la Haye offrent chaque année ce spectacle : c'est ce qui aura donné lieu à un voyageur d'écrire dans sa notice sur la Hollande, que la Haye est une jolie ville *située au bord d'un grand lac ;* c'est en hiver probablement qu'il y sera venu.

§ 26. Les petits bassins ont cependant encore l'avantage, que s'ils communiquent avec des eaux extérieures douces suffisamment hautes, ils peuvent en recevoir en peu de temps la quantité nécessaire pour alimenter les polders en été ; mais, sans cette communication, ils sont dans la condition défavorable d'être eux-mêmes trop vite privés d'eau, et de pouvoir ainsi bien moins encore en fournir aux polders.

§ 27. L'avantage des grands et des petits bassins dépend néanmoins beaucoup des circonstances locales ; et tandis que les uns attachent aux premiers la plus haute valeur, les autres préfèrent les seconds.

§ 28. Outre le bassin mentionné, il existe aussi des bassins *intermédiaires*, *élevés*, et autres, dont il sera question plus tard (§ 59) ; mais ils sont d'un usage différent, et n'entrent pas dans l'acception générale du mot tel que nous l'avons expliqué.

§ 29. Dans cette acception générale le bassin est composé de l'ensemble des eaux renfermées dans chaque Administration hydraulique en dehors des polders, formant entre ceux-ci et les eaux extérieures un niveau intermédiaire, et servant ordinairement à la navigation intérieure. Ce bassin est destiné à faire dériver, ou à conduire aux écluses le trop d'eau quand l'écoulement est possible, ou à le contenir quand cet écoulement ne peut avoir lieu, ou à conserver l'eau nécessaire quand en été les écluses sont fermées à dessein, ou bien aussi à recevoir en temps de sécheresse les eaux extérieures nécessaires à la navigation et à l'alimentation des polders. En un mot, le bassin est l'intermédiaire entre les eaux extérieures et celles des polders, propre à faire dériver ou à contenir le trop plein, à conserver les eaux ou à en recevoir en cas de trop peu ; le tout pour la plus grande utilité des terres et de la navigation dans les parties basses du pays.

III.

Les Tourbières-Lac.

(De Veenplassen.)

§ 30. Le bassin se compose quelquefois en partie, de ce que nous pourrions nommer *des Tourbières-Lac* (§ 14). Qu'on me permette la composition de ce mot. Lorsque dans les parties ou des couches épaisses de tourbe molle gisent sous le terrain supérieur, on en fait l'extraction, le fonds se couvre d'eau, et la tourbière devient en quelque sorte un lac. La tourbe molle, ainsi extraite se façonne, se sèche pour être brulée, et fournit un combustible précieux dans un pays manquant de bois et de houille.

§ 31. Ces tourbières donnent un grand profit aux propriétaires : car des terrains de prix modique d'abord, et tant que la concession pour exploiter n'est pas accordée, deviennent par cette concession seule terrains d'une grande valeur. Changés en nappes d'eau par l'exploitation, ils se transforment plus tard par les dessèchemens en terrains fertiles ; car ordinairement la couche de tourbe molle repose sur un bon fond.

§ 32. Aucune exploitation de tourbières n'est actuellement permise, à moins de mesures préalables pour le versement de fonds, afin de garantir à l'Etat, et le payement de l'impot foncier quoique la terre soit devenue eau, et le dessèchement après la fin de l'exploitation.

§ 33. Il est inutile de faire observer combien est profitable au pays le mouvement de capitaux nécessaires à cette transformation continuelle, d'abord de terre en eau, ensuite d'eau en polders fertiles.

§ 34. Le triple bénéfice qui en résulte pour les consommateurs, pour les propriétaires et pour l'État, explique le phénomène d'un pays à chaque instant en danger d'être submergé, transformant malgré cela son sol en eau, et faisant naître ainsi des marais et des lacs nouveaux, à côté de ceux qu'on vient de dessècher avec peine. Le polder, dit *Zuidplas*, récemment desséché, près de Rotterdam, a presque 6,000 hectares d'étendue, et n'était qu'une Tourbière-Lac.

§ 35. Les Tourbières-Lac formées successivement du côté oriental du lac de Harlem, et dont une partie a été depuis longtemps de nouveau dessèchée, couvrent ensemble une étendue plus grande encore.

§ 36. Rien de plus naturel par conséquent que de soumettre ces exploitations à l'approbation du gouvernement, afin qu'il puisse les empècher, s'il en peut naître du danger pour la securité des digues, des chemins et des ouvrages, ou de grands inconvéniens pour les lieux avoisinans.

IV.

Les Polders.

§ 37. Ce mot n'a pas besoin de traduction; plus usité, plus connu que nos termes techniques d'hydraulique locale, il est compris à l'étranger. — Les §§ 14 et suivans ont indiqué, comment les administrations hydrauliques sont ordinairement divisées en terrains naturels, en polders, et en terrains desséchés, comment ces terrains naturels sont plus élevés que le niveau ordinaire du bassin, et comment les polders sont au contraire plus bas que ce niveau.

§ 38. Quelquefois les polders constituent une grande partie de l'administration, quelquefois sa presque totalité.

Ceci a lieu dans le Schieland, grand à peu près de 17,000 hectares, et composé presque exclusivement de polders, de dessèchemens, et de lacs ou marais.

§ 39. Les polders sont d'une étendue et d'une profondeur très variées ; de 50 hectares et moins jusqu'à 5,000 et davantage ; d'à peine 4 ou 5 décimètres jusqu'à 4 et 5 mètres au dessous du niveau des terrains naturels.

§ 40. Ce furent d'abord des terrains peu bas, des marécages non profonds, qu'on entoura de faibles digues, et qu'un petit moulin vint dessècher.

§ 41. Lorsque la science eut fait plus de progrès on l'appliqua aussi à des marais et à des lacs profonds ; mais alors les faibles digues furent remplacées par des digues larges et fortes, et l'unique petit moulin par plusieurs grands.

§ 42. Car chaque polder vaste ou petit, peu profond ou très abaissé, offre toujours un terrain bas entouré de digues, d'où les *moulins* retirent les eaux superflues ; mais ils sont en général d'une petite étendue, comparativement au vaste terrain de l'administration.

§ 43. A l'intérieur ils sont coupés de fossés et de canaux, qui amènent l'eau vers les moulins, et servent en été à répartir les eaux d'alimentation, qu'on fait entrer par les vannes.

§ 44. On distingue quelquefois entre polders et dessèchemens dans ce sens, que l'on attache aux polders l'idée d'être moins profondément encaissés ; aux dessèchemens celle de l'être davantage.

§ 45. Mais nous employerons pour désigner les deux espèces, le seul nom de polder, comme étant aussi plus connu à l'étranger.

§ 46. En général le polder déverse ses eaux dans le

bassin, mais quelquefois une administration hydraulique en contient un ou plusieurs, qui les déchargent immédiatement dans les eaux extérieures. Il existe aussi des polders isolés et indépendans des administrations.

§ 47. Ordinairement chaque polder est administré par ses *poldermaîtres*, nommés périodiquement par les propriétaires.

§ 48. En général chaque polder, excepté les très-petits, possède son règlement d'administration, arrêté par l'autorité supérieure. L'article 2 de la loi du 9 octobre 1841 tend entre autres à généraliser l'usage de pareils règlemens.

§ 49. Les administrateurs des polders, *polder-maîtres* ou autres, agissent en partie d'après leurs propres règlemens et coutumes, en partie d'après les ordonnances des administrations hydrauliques, auxquelles ils appartiennent. Le point essentiel est toujours: du coté des polders, l'entretien des digues et des moulins, et le déversement en temps opportun des eaux; du côté des administrations hydrauliques, le maintien d'un juste équilibre entre les intérêts des polders et ceux plus généraux des administrations elles-mêmes.

§ 50. A ces dernières appartient entre autres la surveillance à exercer, pour que chaque polder entretienne et construise les ouvrages, au défaut desquels la sécurité générale serait compromise, et pour que les moulins s'arrêtent aussitôt que le niveau du bassin atteint le point d'arrêt convenu, indiqué par l'échelle des eaux, établie à cet effet : car il est nécessaire alors que les moulins cessent leur marche.

§ 51. Sans cette précaution le bassin s'élèverait tellement, que ses eaux rentreraient dans les polders par dessus leurs digues (§ 24); on craint le moins ce mal pour le polder muni de digues suffisamment solides et hautes, et afin d'être plus tôt à sec, on fait souvent marcher ses moulins quoique le point d'arrêt convenu soit atteint, espérant échapper à la surveillance, ou risquant l'amende, pénalité de l'infraction, plutôt que de rester submergé.

§ 52. Ainsi naissent souvent des froissemens entre les intérêts particuliers et généraux des polders, dans lesquels les Administrations interviennent, pour le maintien de l'ordre au grand avantage de tous. On voit ainsi comment dans un pays d'eau et de marécage comme le nôtre, où le sol est vraiment artificiel, tout dépend de la juste mesure et de l'exacte harmonie des travaux hydrauliques, ainsi que de l'observation des règles fixées ; précision et minuties, dont les étrangers et même plusieurs habitans peuvent à peine se faire une idée.

§ 53. Combien dans cette matière l'ordre est nécessaire, et comment ce système de polders est compliqué, voilà ce qu'un exemple peut faire comprendre. La seule province de la Hollande méridionale contient plus de *mille* polders, et il n'en est peut-être pas deux semblables en localités et en intérets. Cependent il faut dire que l'usage et la coutume, ayant fait des polders pour ainsi dire une seconde nature pour le pays, viennent puissamment en aide pour simplifier des difficultés sans cela inextricables.

V.

Le Déversement des eaux.

§ 54. Les moulins à vent pour le déversement des eaux existent en grand nombre en Hollande depuis un temps immémorial.

§ 55. Ils sont d'une grandeur et d'un prix excessivement variés, d'après l'étendue du polder qu'ils doivent maintenir à sec, et d'après la profondeur de laquelle ils doivent extraire les eaux. Le petit moulin à queue, tournant comme la girouette au gré du vent, pour se placer sans aide dans la position propre à fonctionner, fort usité en Frise, coute 300 florins; les grands moulins en pierre servant aux dessèchemens profonds coutent jusqu'à cent fois cette somme.

§ 56. La force motrice est le vent, et la roue à palettes perpendiculaire est le mécanisme le plus usité, pour élever l'eau; dans les derniers temps on a aussi essayé des roues à palettes inclinées, et des vis d'archimède.

§ 57. On a fait il y a 70 ans, et l'on a réitéré depuis, des essais de machines à vapeur pour élever les eaux, mais ce n'est que bien plus tard qu'on a quelquefois appliqué la force de la vapeur au lieu de celle du vent aux roues à palettes, ou à tout autre machine rotative.

§ 58. Nos moulins à vent avec leur roue à palettes peuvent en terme moyen élever l'eau à 1.20 mètre, quoique plusieurs l'élèvent sans doute davantage, mais avec des vis d'archimède ils vont jusqu'à 2 et 3 mètres. Si donc le polder a 4 mètres de profondeur, et que l'on emploie la vis d'archimède, alors on place les moulins par deux étages, l'un supérieur, l'autre inférieur. Les moulins de l'étage inférieur font arriver l'eau jusqu'a 2 mètres du fond, et la versent dans un canal fermé, ordinairement de petite dimension; de là les moulins de l'étage supérieur font arriver l'eau dans les eaux extérieures: ce canal fermé est le *bassin intermédiaire* (§ 28). Deux moulins n'exercent donc à la profondeur de 4 mètres que la force d'un moulin, c'est à dire, qu'ensemble ils ne font arriver dans les eaux extérieures que la même quantité d'eau qu'un seul moulin y amènerait d'une profondeur de 2 mètres. Dans tous les polders profonds se trouve un pareil bassin intermédiaire. Dans le nouveau polder, dit Zuidplas, il en existe même deux. Là trois étages de moulins dans le sens qui précède n'exercent ensemble que la force d'un seul. On pourrait appeler du nom de *file* cette combinaison, soit de 2 soit de 3 moulins, qui montant l'eau de l'un à l'autre ne versent au réservoir que la quantité d'un seul; on dit en hollandais *gang*.

Si vous voulez donc faire déverser au bassin par 10 moulins, là où il en faut deux étages, vous avez 10 files à deux étages ou 20 moulins. Demandez-vous la force de 10 moulins déversant au réservoir, là où il en faut trois étages, vous construirez 10 files à 3 étages ou 30 moulins. En employant la roue à palettes, il est des cas où il faudrait trois bassins intermédiaires; là les 10 files à 4 étages exigeraient 40 moulins.

§ 59. Lorsque le bassin ordinaire ne possède pas un niveau assez élevé pour une dérivation suffisante vers les eaux extérieures, on emploie quelquefois des *bassins supérieurs* (§ 28). C'est une certaine étendue d'eau, plus élevée que le bassin ordinaire, resserrée entre de très hautes digues, dans laquelle des moulins, spécialement affectés à cette opération, élèvent l'eau du bassin ordinaire, afin que les moulins des polders puissent continuer à travailler sur ce dernier. Le bassin supérieur acquiert ainsi la faculté de se décharger sur les eaux extérieures, quand le bassin ordinaire ne le peut pas faute d'élévation; c'est un moyen artificiel de dérivation pour le bassin, quand le moyen naturel lui manque.

§ 60. Le bassin supérieur est fort couteux, mais fort utile; car il assure aux terres, pour lesquelles il est construit, les moyens de se débarasser de leurs eaux, indépendamment de la hauteur des eaux extérieures, sur lesquelles le bassin ordinaire se décharge, plus il est grand, plus il est efficace.

§. 61. Le déversement des eaux exige pour les polders de très grands frais. Au salaire du préposé à chaque moulin, il faut joindre les dépenses bien plus grandes d'entretien et de réparation; ces frais pourraient être moindres si les polders avoisinans s'entendaient mieux, et voulaient par exemple établir ensemble un seul grand moulin, en remplacement d'un petit moulin séparé pour chacun, comme possède actuellement même le moindre des polders. Il ne s'agirait que de mettre en communication les polders au moyen de petites écluses et de vannes; mais souvent des intérêts différens ou des mèsintelligences s'opposent à cette simplification. C'est un mal, car le premier et véritable interêt des propriétaires demande que le déversement des eaux se fasse le plus économiquement possible.

§ 62. Ce déversement est le but de chaque endiguement. Celui-là est le meilleur, qui débarasse le plus promptement et avec le moins de frais, le polder de ses eaux superflues, surtout au commencement du printemps.

§ 63. Mais souvent le prompt déversement de l'eau ne dépend pas seulement des moyens du polder, mais de la petitesse ou du mauvais écoulement du bassin (§ 24 et 25) et du degré de l'échelle des eaux (§ 69) auquel le règlement ordonne que le jeu des moulins cesse.

VI.

L'échelle des eaux.

§ 64. Lorsque les digues de nos administrations pour

les ouvrages hydrauliques, ou celles des polders, sont moins élevées que les plus hautes eaux, auxquelles elles doivent s'opposer, ne fut-ce que d'un millimètre, les eaux extérieures inondent le terrein de l'administration, et les eaux intérieures inondent par une conséquence inévitable, les polders. Notre sol, si fertile quand il est suffisamment asséché, ne produit rien s'il est couvert d'un seul millimètre d'eau en été. Le meilleur moulin devient inutile s'il doit elever les eaux, ne serait-ce qu'à un millimètre, au dessus de sa puissance. Il s'agit donc d'observer exactement les hauteurs rélatives des digues et des eaux: à cet effet des échelles indicatrices de la hauteur des eaux, divisées en nouvelles ou en anciennes mesures, sont placées dans des endroits accessibles. Ainsi que le zéro du thermomètre de Réaumur est adopté comme point de départ des degrés de chaleur ou de froid, de même l'usage a fait presque généralement considérer ce qu'on appelle *l'échelle des eaux d'Amsterdam* (*het Amsterdamsche peil*) comme zéro ou point de départ, d'où se compte le plus comme le moins d'élévation des eaux de la Hollande.

§ 65. C'est un plan ou niveau imaginaire, passant par le zéro de *l'échelle des eaux de la ville d'Amsterdam*, invariable depuis 90 ans, et reporté en 1813, afin qu'il ne puisse se perdre, par quatre repères sur des pierres maçonnées à cet effet dans les murs de la ville. Transportée ensuite par des nivellemens sur plusieurs points du royaume, cette échelle parait cependant ne pas avoir été placée toujours avec assez d'exactitude. Le général KRAYENHOFF dans son *Recueil d'observations hydrographiques*, signale plusieurs de ces erreurs. Dans tout travail en Hollande on désigne le *zéro* de cette échelle par les lettres initiales de ces deux mots A. P. Il conviendra d'adopter semblable abréviation, ce sera celle de O. A. (zero de l'echelle d'Amsterdam) (1).

§ 66. Pour se faire une idée de la hauteur relative de O. A., on peut admettre qu'il répond au point de niveau moyen des eaux de l'Y près d'Amsterdam, et à la superficie des terrains naturels (§ 18) dans la plus grande partie des deux provinces de Hollande.

§ 67. Le zero de l'échelle d'Amsterdam, ou par abréviation O. A. est donc le point de départ pour tous les travaux et observations hydrauliques de quelque importance en Hollande. Tout niveau plus élevé ou plus bas est indiqué par les signes + et —; ainsi 0.20 mètre + O. A. signifie 0.20 mètre *au dessus du zéro de l'échelle d'Amsterdam*; 1,00 mètre — O. A. indique 1.00 mètre *au dessous du même zéro.*

§ 68. Le point d'arrêt pour les moulins (§ 50) est différent dans presque chaque administration pour les ouvrages hydrauliques. Le plus bas de ces points dans les deux provinces de Hollande est celui de 0.34 mètre — O. A. dans le Schieland, et le plus élevé est celui de 0.145 mètre — O. A. dans l'Amstelland.

§ 69. Ce degré d'arrêt (en hollandais *molenpeil*) est donc tout autre chose que l'O. A. dont il vient d'être parlé, mais il est en rapport avec lui: car c'est un point, mesuré à partir du zéro d'Amsterdam, audessus duquel point il est défendu aux moulins d'élever les eaux du bassin, afin de prévenir que le trop plein de celui-ci ne se dégorge de nouveau dans les polders (§§ 24 et 51).

§ 70. Pour quelques bassins avantageusement consti-

---

(1) C'est l'abréviation, qu'on trouve dans la traduction faite en 1835 de l'ouvrage du général KRAYENHOFF: *Recueil des observations hydrographiques et topographiques en Hollande.*

tués, il n'existe pas de degré d'arrêt pour les moulins. Ceux-ci marchent alors librement aussi longtemps qu'il est nécessaire; et c'est un très-grand avantage pour les polders.

VII.

Le mouvement de la surface des eaux.

§ 71. Que les eaux tranquilles présentent toujours une surface parfaitement de niveau, est une chose trop connue pour être mentionnée ici. Mais il peut être utile d'observer que lorsque le vent vient à souffler longtemps et vigoureusement du même côté sur la superficie du bassin (§ 14), cette surface cesse d'être de niveau et prend une inclinaison visible, surtout lorsque le vent souffle dans la *longueur* de quelque lac ou canal: du côté du vent se montre alors bientôt sur les bords la trace qui indique que l'eau vient de baisser, et du côté opposé on la voit chassée contre la rive et élevée.

§ 72. La force du vent change ainsi la surface du niveau ordinaire en un plan incliné. Croirait-on que la différence entre la partie inférieure et supérieure de ce plan, par exemple sur le lac de Harlem, peut aller jusqu'a un mètre? Des observations irrécusables attestent ce fait.

§ 73. Combien cette inclinaison de la surface du bassin peut favoriser son écoulement, quand la partie supérieure est chassée contre les écluses, se conçoit facilement. Il est tout aussi naturel, que lorsque les eaux ainsi chassées ne trouvent pas ou trouvent de trop faibles moyens d'écoulement, elles attaquent et endommagent souvent les digues et les batardeaux, et tout ce qu'on leur oppose.

Cette inclinaison de la surface des eaux occasionnée par

la force du vent, peut donc être un puissant moyen pour favoriser l'écoulement, ou un évènement dangereux pour la sureté des ouvrages opposés aux eaux.

§ 74. Mais bien plus dangereuse pour nos digues est cette même inclinaison produite en grand sur les eaux extérieures, lorsque la violence des vents les lancent sur nos côtes, et que la force des flux vient s'y joindre (1).

§ 75. Il est encore une autre inclinaison de la surface du bassin : mais elle a lieu en sens opposé. Quand une écluse de chasse s'ouvre pour l'écoulement des eaux, celles-ci s'abaissent immédiatement tout près de l'écluse ; or cet abaissement ne se communique pas à l'instant partout. Cela n'a lieu que successivement ; vîte quand les canaux de dérivation sont larges, droits et profonds ; lentement lorsqu'ils manquent ces qualités essentielles. Alors le niveau du bassin est déjà abaissé sensiblement près de l'écluse, tandis que loin d'elle il n'a encore aucunement subi cette action, et le temps propre à l'écoulement passe avant que l'eau ait pu arriver.

§ 76. On doit en conclure, que là où cet inconvénient se fait le moins sentir, là aussi existent les meilleurs canaux de dérivation.

---

(1) Les fortes crues de la mer pendant la tempête ne sont autre chose que le résultat du même phénomène en grand. Le vent empêche alors l'action du reflux. Il amène le second flux par dessus le premier, et si la tempête dure assez longtemps, le troisième flux encore par dessus le second. Quand ce dernier est par malheur une grande marée, le pays est dans le plus grand danger, la mer s'élève alors à la hauteur incroyable de 3.40 mètres + O. A.

VIII.

Les Digues.

§ 77. Chacun connait trop bien ce qu'on entend en général par *digues*, pour qu'il soit nécessaire d'en donner ici la définition: bornons-nous à quelques observations. Pour préserver de l'eau les polders peu profonds, on n'élève que des petites digues, peu hautes et peu larges, dont la crête souvent n'offre pas plus d'espace qu'il n'en faut à un sentier pour les piétons. Ces petites digues n'atteignent dans le Rhinland (§§ 87 et suivans) qu'environ la hauteur de O. A.

§ 78. Mais les digues pour les grands dessèchemens ont ordinairement de bien plus larges dimensions et s'élèvent au dessus de O. A. Elles ont plus d'eau à retenir et de plus grands intérêts à protéger; car si quelque polder peu profond est inondé par l'eau passant par dessus sa petite digue, qui n'en est ordinairement pas endommagée, le moulin peut promptement remédier au mal; mais pour remettre à sec de vastes dessèchemens, il faut bien plus de temps, souvent toute une saison d'été, et la rupture des digues, presque inévitable dans de si grandes submersions, exige des frais de restauration souvent considérables. Les digues de dessèchemens devraient être de nature à pouvoir s'opposer aux eaux du bassin, même lorsqu'il serait grossi par quelque irruption des eaux extérieures; mais les grands frais sont cause, qu'on néglige trop souvent une précaution aussi salutaire.

§ 79. Les digues contre la mer et contre les rivières sont enfin les plus élevées et les plus fortes. Les premières doivent dépasser les marées extraordinaires, qui peuvent, lors des tempêtes, monter jusqu'à 3.40 mètres + O. A. Celles contre les rivières doivent, autant que possible, surpasser les plus grandes crues, différentes d'après les circonstances, mais devenant malheureusement sans cesse plus fortes, parce que les lits des rivières s'élèvent insensiblement. Cette circonstance nécessite l'exhaussement proportionel de ces digues.

§ 80. L'établissement de digues sur un terrain à sec est en général fort simple. Ce n'est qu'un entassement des terres les plus à portée, après avoir bèché le sol qu'elles viennent couvrir, afin de le mieux lier avec le corps de la digue. Cette opération se nomme en terme d'art *noircir le sol* (1). Elle substitue en effet la couleur noire d'une terre fraichement remuée à la claire verdure du sol. Mais on peut s'en dispenser quand le sol est inégal ou moux : est-il moux au point de ne pouvoir supporter la pesanteur de la digue, bien loin de le noircir on le couvre d'une couche de fascines pour lui donner de la consistance. Il arrive même que cette précaution n'empècherait pas l'affaissement de la digue. Dans ce cas il est nécessaire de former par d'autres moyens une base plus solide (2). Le corps de la digue nouvelle se couvre spontanément d'herbe et devient comme une prairie propre au paturage ou à la récolte de foins.

§ 81. En Hollande le sol s'unit en général intimement avec la digue superposée, à la construction de laquelle tout terrain est bon, quoique la terre glaise soit toujours préférable. Le long des rivières au contraire où règnent

(1) C'est la traduction littérale du terme technique de cette opération.

(2) Un de ces moyens est indiqué au § 286. Quelquefois on est obligé d'enlever sur le tracé de la digue toute la terre molle et la bourbe, jusqu'à ce qu'on trouve un fond solide, et de remplir la lacune entière avec des terres plus fortes, tirées souvent de fort loin.

des couches de sable, celles-ci donnent souvent lieu à des infiltrations assez considérables (§ 8).

§ 82. Mais lorsqu'il s'agit d'établir une digue dans l'eau, c'est un ouvrage plus difficile et plus couteux. A partir du fond de l'eau et jusqu'à sa superficie on établit en fascines, dans la forme de deux murs, les deux côtés de la base. L'espace entre ces côtés se remplit de terre solide, et au dessus de ce fondement inébranlable s'élève le reste de la digue de la manière ordinaire. Ces murs en fascines se forment de radeaux de 100 à 150 mètres quarrés, entièrement composés de fascines de bois de saule, artistement réunis, de manière à ne former qu'une masse compacte. On conduit chaque radeau au dessus de la place qu'il doit occuper, et que des perches indiquent exactement. Là on le charge de pierres et de terre glaise pour le faire descendre jusqu'au fond. Sur la première rangée une seconde moins large, et souvent une troisième et quatrième, toujours moins larges, viennent descendre chacune à son tour (1). Le nom, d'ailleurs connu, de jetée sera applicable à cette espèce de digues, qui sont véritablement comme *jetées* à travers l'eau ; en hollandais on les appelle *plempdijken*.

§ 83. On donne ordinairement à la digue, lors de son établissement, plus de hauteur, qu'elle ne doit avoir, afin que la pression de cette surcharge consolide mieux les nouveaux remblais, et par ce que les matériaux dont se compose la digue s'affaissent par le tassement. Si, malgré cette précaution, plus tard quelques parties se trouvent trop affaissées, on les élève au niveau des autres avec de nouvelles terres.

§ 84. Les digues élevées contre la mer ou contre les

(1) La coupe de la digue du Schinkelpolder, Carte N°. 1, donnera une idée de ces côtés en fascines.

rivières, et même plusieurs digues intérieures sujettes à l'action des courants et des vagues, comme le long du lac de Harlem, sont naturellement pourvues de plusieurs moyens de conservation et de défense. Des jetées, des talus en pierre souvent maçonnés, des rangées de pieux ou de pilotis, des couches de fascines, de paille ou de roseaux artistement et régulièrement fixées, quelquefois des murs en briques, garantissent ces remparts de terre contre les attaques furieuses des vagues.

Quand on considère nos digues de toute espèce, de plusieurs centaines de lieues d'étendue, élevées, entretenues, garanties, sur chaque point, à frais énormes et continuels, et où chaque affaissement, chaque négligence, souvent rien qu'un trou de taupe, peut occasionner une inondation ou une rupture, il faut s'étonner que le pays puisse supporter des dépenses si énormes, et même, qu'il puisse exister.

§ 85. Il est des *digues basses* à larges talus, ou bien certaines portions des digues ainsi abaissées à dessein, afin de donner un passage libre et inoffensif aux eaux arrivées à une certaine hauteur; ce sont les *déversoirs*; (*overlaten* est le nom hollandais). Ces déversoirs ont pour but d'attirer les eaux d'un point où elles menaceraient d'une irruption dangéreuse, vers les endroits où leur passage n'est pas si nuisible.

§ 86. Nous avons aussi les *digues dormeuses* (*slaperdijken*), situées intérieurement à quelque distance de la digue proprement dite, et ainsi nommées par ce qu'elles ne deviennent utiles que lorsque cette dernière a succombé. Telle était l'origine de certaine digue dormeuse, entre le village de Sparendam et les dunes, dont il sera encore question (1); mais en général la digue dormeuse

(1) Voir la Carte N°. 1.

n'est que l'ancienne digue, délaissée après qu'une nouvelle avait été construite plus en avant.

IX.

Le Rhinland.

§ 87. Une des plus grandes et des plus considérables administrations d'ouvrages hydrauliques (§ 5.) est celle du Rhinland. Son origine est ancienne. Elle doit apparemment son nom à cette branche du Rhin, qui la traverse et qui se jetait précédemment, près du village de Katwyk, dans la mer du Nord, jusqu'à ce que les dunes vinrent au huitième ou au neuvième siècle ensabler son embouchure, ainsi que l'a été plus d'une fois celle de l'Adour, dans le golfe de Gascogne.

§ 88. Le Rhinland, proprement dit, tel qu'il était originairement et tel qu'il existe encore quant à son administration, s'étend à l'ouest le long de la mer du nord, au sud depuis les environs de la Haye jusque près de la ville de Gouda, au nord le long de la rivière ou du golfe l'Y jusqu'aux portes d'Amsterdam, à l'est depuis la capitale jusqu'à Gouda (1). Il comprend la célèbre ville de Leyden, la charmante ville de Harlem et le grand lac de ce nom qu'on va dessécher.

§ 89. Mais plusieurs polders et districts environnans la ville de Woerden (2), appartiennent également au Rhinland dans ce sens, qu'ils déversent aussi leurs eaux sur le bassin de cette administration : anciennement elles s'écoulaient sur l'Yssel (3), mais cela devint difficile à

(1) Ces limites sont indiquées sur la carte No. 1.

(2) Voir la même Carte No. 1.

(3) Rivière de la Hollande, autre que l'Yssel, qui se jette dans le Zuiderzee.

cause des atterrissemens considérables, qui se formèrent dans cette rivière après qu'elle eut été séparée en 1285 par un batardeau de celle du Lek, la branche actuelle la plus septentrionale du grand Rhin : dès 1363 les habitans de Woerden obtinrent de bâtir à leur frais une écluse à Sparendam, pour y faire écouler, à travers le Rhinland, les eaux qu'ils y verseraient dorénavant.

§ 90. Le Rhinland est protégé contre la mer du Nord par les dunes, contre l'Y par une haute digue serpentant depuis les dunes jusqu'à Amsterdam, et dont la crête s'élève à 3 mètres + O. A. Au sud toute communication du bassin du Rhinland avec ceux du Delftland et du Schieland est empêchée par des digues et des batardeaux. A l'est ce même bassin est tout aussi exactement fermé d'une enceinte de digues plus ou moins fortes, qui comprend aussi les districts susmentionnés de Woerden ; de cette manière il s'étend bien au delà des limites du Rhinland proprement dit (§ 88) et jusqu'à l'Yssel, en sorte que Gouda même est comprise dans cette enceinte.

§ 91. La partie occidentale de la haute digue de mer, mentionnée au § précédent, n'était d'abord entre les dunes et Sparendam qu'une digue basse (§ 85), que les marées extraordinaires de l'Y dépassaient quelquefois, inondant alors une partie du pays ; mais l'administration du Rhinland en ordonna en 1806 l'exhaussement.

§ 92. Le Rhinland, y compris les district de Woerden, se divise ainsi :

Bassin (§ 14)	22.700	hectares.
Terrains naturels (parmi lesquels 11.400 hectares de dunes) (§ 18)	30.740	»
Polders (§ 46)	70.060	»
total	123.500	hectares.

Il comprend donc en terrains naturels un quart seulement de toute son étendue ; les trois autres quarts sont eau, ou seraient eau sans l'aide des moulins.

§ 93. Le bassin est presque continu (§ 15) ; plus de 21.125 hectares sont des lacs ou des tourbières-lac ; celui de Harlem en forme l'immense majorité, on compte en dessécher 18,100 hectares.

§ 94. Il restera donc au bassin 4.600 hectares. En y ajoutant 200 hectares nouveaux que donnera le canal de périmètre, le bassin du Rhinland sera réduit après le dessèchement à 4.800 hectares.

§ 95. L'écoulement du bassin de Rhinland s'opère sur trois points. 1°. sur l'Y à Sparendam par 4, et à Mi-chemin Amsterdam et Harlem par 3 écluses, larges ensemble de 41.57 mètres; 2°. sur la mer du nord par l'écluse de Katwyk, ayant trois ouvertures, ensemble de la largeur de 16.95 mètres; 3°. sur l'Yssel à Gouda par 3 écluses, larges ensemble de 19.10 mètres. Ces onze écluses offrent ainsi toutes ensemble une espace de 77.62 mètres pour le passage des eaux du bassin.

§ 96. Cependant la force et l'efficacité de l'écoulement sur ces trois points diffèrent considérablement.

§ 97. Le niveau moyen du bassin en été est de 0.65 mètre — O. A. en hiver de 0.39 mètre — O. A. (1). Le reflux ordinaire de l'Y ne descend guère au delà de 0.26 mètre — O. A. L'écoulement n'y serait donc en hiver que minime, si les vents ne venaient en aide ; mais les vents du sud et du sud-est, si fréquens en Hollande, refoulent souvent loin des écluses sur l'Y les eaux de ce bras de mer, de manière à les faire baisser au delà du reflux ordinaire ; or, comme ils produisent en même temps,

(1) Quoiqu'il s'élève aussi jusqu'à 0.22 mètre — O. A.

(§ 71 et 72) une forte inclinaison dans la surface du bassin, ascendante contre ces mêmes écluses de Sparendam et de Mi-chemin, ils font naître une différence énorme de hauteur entre les eaux extérieures refoulées et celles du bassin élevées outre mesure. L'écoulement est alors excessif, surtout si les vents continuant à souffler dans la même direction, refoulent tout l'Y dans le Zuiderzee et celui-ci dans la mer du Nord, en sorte que l'écoulement continue alors des jours entiers, sans être interrompu par la marée montante.

§ 98. Quelquefois des vents du nord continus, ou des vents d'est violens poussent la mer du Nord dans le Zuiderzee et celui-ci dans l'Y, en sorte qu'au fond de ce bras de mer le reflux est presqu'imperceptible. Alors tout écoulement du Rhinland sur l'Y est interrompu, et le bassin reste des jours entiers à une hauteur nuisible. L'écoulement du Rhinland sur l'Y ne dépend donc pas des marées régulières, mais des vents propices.

§ 99. Il en est tout autrement à Katwijk: là le reflux est plus fort que sur l'Y, les basses marées y descendent ordinairement jusqu'à 0.70 mètre — O. A. et là encore le vent d'est les fait descendre quelquefois jusqu'au double, au moment même où ils font monter l'Y. L'écoulement est donc plus régulier à Katwijk et s'y opère le mieux, justement lorsqu'il est impossible sur l'Y. Les vents sud-ouest donnent aussi à Katwijk des marées basses, et par conséquent encore une occasion favorable de plus pour l'évacuation du bassin.

§ 100. Ce moyen manquait cependant jusqu'au commencement de ce siècle, par ce que le Rhin était ensablé depuis peut-être mille ans (§ 87). On avait bien projeté en 1400 de rétablir cette ancienne embouchure et d'y construire des écluses; cet ouvrage avait même été effectué en 1572, mais pas d'une manière convenable, en sorte qu'un nouvel ensablement avait bientôt eu lieu. En 1804 le canal et les écluses actuelles furent commencés par l'administration du Rhinland, qui termina heureusement en 1807 ce superbe ouvrage.

§ 101. Le canal de Katwijk a fort amélioré l'état du Rhinland, qui a obtenu par ce moyen la faculté de faire presque toujours écouler ses eaux de l'un ou de l'autre côté. Ce canal n'est pas pourtant aussi efficace que ceux sur l'Y. D'abord à cause de la moindre capacité de ses écluses (§ 95), ensuite parce que les eaux du lac n'y arrivent que par un grand détour, ce qui produit à chaque ouverture des écluses les inconvéniens de l'inclinaison de la surface des eaux, dont il est parlé au § 75 et 76.

§ 102. En outre l'écoulement sur l'Yssel est devenu presque nul, à cause des attérrissemens de cette rivière.

§ 103. Outres les trois points d'écoulement mentionnés le Rhinland possède encore plusieurs petites communications avec les administrations d'ouvrages hydrauliques voisins, soit en faveur du bassin seul, soit en faveur de la navigation; mais plus bas en général que le pays environnant, il reçoit plus d'eau par ces communications différentes qu'il n'en donne.

§ 104. L'étendue de son bassin a sans doute l'avantage de pouvoir contenir facilement et cette eau et celle qui découle des dunes, et toutes les eaux pluviales, jusqu'au moment propre à leur écoulement; mais il est exposé au grand désavantage, que souvent les écluses ne peuvent absorber que lentement cet immense trop plein. Il est cependant hors de doute que ce vaste bassin est en temps de sécheresse une circonstance très favorable à l'alimentation des polders au moyen de leurs vannes (§ 23 et 24).

§ 105. Le Rhinland possède donc un bassin d'un niveau bas, d'une étendue immense, dont l'écoulement, quoique beaucoup amélioré par le canal de Katwijk, n'est pourtant pas toujours possible au moment opportun, mais se trouve au contraire souvent subordonné à l'aide, à la direction et à la force des vents.

§ 106. Les terrains naturels, non compris les dunes, ont 19,300 hectares d'étendue. Une partie, surtout aux environs du lac de Harlem, est si basse, que le bassin les inonde en hiver lorsqu'il est fort élevé. Cela ne les empèche pas de produire en été de bons foins. La partie la plus élevée, sur laquelle sont aussi situées les villes et les villages du Rhinland, est excellente pour le paturage et les blés.

§ 107. Afin d'obtenir ces avantages, le bassin doit être maintenu à son niveau d'été ordinaire, quoique ce niveau ne soit pas nécessaire par rapport aux digues des polders, ou qu'il puisse gêner sur quelques points la navigation intérieure.

§ 108. Les polders du Rhinland ayant ensemble une étendue de plus de 70,000 hectares (§ 92), sont au nombre de 198, dont 28 sont des dessèchemens (§ 44), comprenant ensemble 15,000 hectares.

Les polders, en opposition aux dessèchemens, sont situés à la hauteur moyenne de 0.80 jusqu'à 1,20 mètre — O. A.

Pour les dessèchemens, leur situation moyenne est à 4.50 mètres — O. A. En y ajoutant 0.80 + O. A., hauteur ordinaire de la marée montante, on trouve que 15,000 hectares des terres les plus fertiles seraient inondés de 5.30 mètres d'eau, si l'art et la persévérance, appuyés de trésors, ne les avaient soustraits aux vagues.

§ 109. Tous les polders possèdent ensemble 261 moulins, pour le déversement de leurs eaux sur le bassin du Rhinland.

§ 110. On dit, mais il n'est pas prouvé, que tous ces moulins, marchant à la fois avec un bon vent, élèveraient dans les 24 heures le niveau du bassin de 3 millimètres.

§ 111. De ces 261 moulins, 124, ayant à leur charge plus d'un tiers de tous les polders, sont assujettis au point d'arrêt de l'échelle (§ 69). Les autres 137 moulins, chargés d'à peu près les deux autres tiers, tous situés au nord du Rhin, ont droit au libre déversement de leurs eaux dans le bassin, sans être adstreints à aucun point d'arrêt: circonstance très favorable aux polders qui en jouissent.

§ 112. 40 des 124 moulins, qu'on vient d'indiquer, appartiennent au district de Woerden. Pour ce district, plus élevé que le Rhinland, le point d'arrêt de l'échelle est à peu près au niveau de O. A.; pour les 84 moulins restans, tous situés au midi du Rhin, le point d'arrêt est depuis longtemps fixé à 0.27½ mètre — O. A. Cette hauteur est en harmonie avec l'élévation des digues entourant les polders, avec la situation des villages et des fermes, et avec la force de la plûpart des moulins.

§ 113. Les 84 moulins, assujettis au point d'arrêt, sont tous situés au midi de la digue, qui longe la rive gauche du Rhin. Lorsque le vaste bassin du Rhinland s'élève partout au delà du point d'arrêt, ou lorsqu'il est chassé par le vent d'est contre cette digue, on ferme les nombreuses écluses, qui la traversent; on empèche ainsi l'élévation des eaux dans la partie méridionale du bassin. Alors existe dans le Rhinland ce qui est appelé au § 15 » la » séparation temporaire d'une partie du bassin." Semblable séparation, mais par un motif différent, a quelquefois lieu en été par le moyen d'une écluse dans le Rhin même, près du village de *Bodegraven*; alors on retient par cette écluse, la partie du bassin, qui comprend le district de Woerden, situé un peu plus haut que le Rhinland proprement dit, et qui, sans cette précaution, perdrait ses eaux au point de gêner la navigation du Rhin, qui le traverse.

§ 114. Si malgré cela l'eau s'abaisse encore trop dans cette partie, temporairement séparée du bassin, on ouvre les écluses sur l'Yssel, en amont de Gouda pour en faire arriver, si toutefois cette rivière n'est pas alors trop basse; mais si elle peut en fournir assez, il arrive, qu'en temps de sécheresse, l'Yssel alimente le Rhinland à travers le district de Woerden par l'écluse susdite de Bodegraven. De même alors l'Yssel en fournit en droiture par ses écluses à Gouda, comme aussi la Meuse en donne quelquefois à travers le Delftland, par l'écluse de communication au village de *Leydschendam* (§ 12). Il est vrai que cette alimentation est défectueuse et minime, mais ce sera plus tard une question essentielle de savoir si ces moyens d'alimentation ne pourraient pas être améliorés et rendus efficaces après le dessèchement du lac.

§ 115. Bornons-nous pour le moment à dire encore quelques mots sur les institutions du Rhinland. L'origine de cette administration se perd dans la nuit des temps: dès l'année 1253 elle fut reconnue par GUILLAUME, Roi Romain, et depuis confirmée dans ses priviléges par son fils, le comte FLORENT V et ses successeurs. Elle est dirigée par un collége de 7 membres, nommés lors de chaque vacature par le Roi, sur la proposition du collége. Elle possède à Sparendam, à Leide, mais surtout à Mi-chemin de grands édifices, servant de demeure aux préposés, aux réunions et quelquefois au séjour des membres du collége. Celui-ci arrête les comptes annuels des polders, décide les différens, fait les ordonnances, établit et entretient les ouvrages hydrauliques d'utilité générale, parmi lesquels ceux nécessaires pour contenir le lac de Harlem, occupent une place essentielle, et en repartit annuellement les frais par hectare. Il est, quant aux affaires financières, soumis aux décisions d'une assemblée supérieure, composée de quelques principaux propriétaires fonciers, choisis par tous les propriétaires ensemble. Ce collège enfin, quoique les Etats provinciaux ayent, selon la loi fondamentale, l'inspection ou la direction supérieure sur les administrations des ouvrages hydrauliques, régit en effet tous les intérets et tous les ouvrages hydrauliques du Rhinland; tout ce qui s'y rapporte d'autre part est, en règle générale, traité de concert avec lui.

Si je me suis peut-être trop étendu au sujet du Rhinland, c'est parceque l'entreprise du dessèchement se trouve dans un rapport immédiat avec les intérêts et les localités de cette administration, et parce que la connaissance des détails qui précèdent peut devenir indispensable pour l'appréciation de différents points. J'aurais pu, il est vrai, supprimer quelques uns de ces détails, moins intéressans pour l'étranger, mais j'ai voulu lui donner quelque idée de l'hydrographie de notre sol et de la complication des travaux hydrauliques, qui en résultent.

X.

Le lac de Harlem.

§ 116. Le lac de Harlem est situé dans la partie septentrionale du Rhinland: l'espace qu'il occupe actuellement était jadis, en grande partie, un pays habité. D'après une ancienne carte il n'existait en 1531 que quatre petits lacs, deux chemins traversaient l'étendue actuelle et trois villages y florissaient.

Ces quatre lacs n'occupaient alors que 6,000 hectares: en 1591 un des villages avait déjà disparu; en 1647 les deux autres avaient eu le même sort, et les anciens petits lacs s'étaient réunis. Leurs noms s'étaient confondus dans celui du lac de Harlem. La partie septentrionale, dite *Spieringmeer*, avait seule gardé le sien et le conserve encore. La partie dite *Kagermeer* s'était formée au midi, et le lac avait obtenu sa forme actuelle. Mais depuis il s'était agrandi successivement en tout sens, surtout vers le nord et le nord-est, et l'on craignait une jonction avec les tourbières-lacs avoisinantes, qui, de leur côté, s'agrandissaient sans cesse par l'extraction continuelle des tourbes (§ 31).

§ 117. L'administration du Rhinland ne pouvant subvenir aux frais nécessaires pour contenir dorénavant le lac, s'adressa à l'autorité supérieure (1). Les Etats de Hollande accordèrent en 1767 et quelques années suivantes plusieurs subsides, s'élevant ensemble à 2½ millions de florins; depuis ce temps jusqu'au dessèchement, le Rhinland y aura encore ajouté un million; en dernier lieu les ouvrages de défense contre l'envahissement du lac ont couté de fl. 30,000 à fl. 40,000 par an. Il est vrai que ces efforts réunis et la bonne administration du Rhinland ont permis d'établir de beaux ouvrages de défense, tels que digues, pilotis et talus en pierre, le long de presque tous les bords au nord-est et à l'est du lac; néanmoins ces ouvrages exigeraient à la longue des dépenses toujours croissantes, tant pour leur entretien que pour leur augmentation; car tous les points dangereux ne sont pas garantis.

(1) La Carte N°. 1. montre par des lignes pointillées les agrandissemens du lac, tels qu'ils ont été constatés à des époques différentes, indiquées par les dates, qui accompagnent ces lignes.

§ 118. Le lac était devenu ainsi trois fois plus grand dans les trois derniers siècles ; il avait dépassé 18,000 hectares d'étendue (§ 93) et avait atteint 11 lieues de circonférence : à chaque tempête il cause de nouveaux dommages, lorsque les vagues battent violemment les ouvrages de défense et s'y brisent en montagnes d'écume, comme les ressacs d'une mer en fureur.

§ 119. Si ces ouvrages venaient à céder le long des tourbières-lacs d'Aalsmeer, de manière que le lac uni à ces grandes nappes d'eau vînt se jeter à l'est dans les terrains desséchés adjacens, les vagues pourraient arriver jusque près d'Utrecht, et causer alors des dommages immenses.

§ 120. La cause de cette perte continuelle de terrain se trouve dans la légèreté du sol. Il se compose de parcelles molles et fines, que rongent continuellement l'action ordinaire de l'eau et l'impétuosité des vagues.

§ 121. Demande-t-on ce qu'il est advenu de ces terrains sans cesse emportés ? une partie tourbeuse et moitié flottante a été, de temps immémorial, pêchée le long des rives et transportée à pleines charges de bateau dans les jardins potagers et les pépinières, souvent à de grandes distances. La partie limoneuse, peut-être la plus considérable, aura été entraînée à travers les écluses par la forte dérivation des eaux et aura sans doute contribué à augmenter les attérrissemens de l'Y.

§ 122. Le fond du lac est en général uni, et situé à une profondeur de 4 mètres sous la surface ordinaire de l'eau.

§ 123. A 5 mètres — O. A. existe une couche de terre glaise pure : sur cette couche en repose une autre de terre glaise mélangée, et cette dernière est en plusieurs endroits à son tour légèrement recouverte d'une terre noire fertile :

C'est ce qui a été constaté en 1812 par 1079 mesurages et 229 sondages, dont le Rhinland possède une carte. Quelques terrains desséchés à côté du lac et situés à la même profondeur, confirment par leur fertilité la vérité de cette recherche.

§ 124. Le lac communique de tous les côtés avec le reste du bassin par une quantité de canaux de largeur fort différente; ces canaux servent aussi bien au passage des nombreuses embarcations, qui traversent le lac, qu'à la conduite des eaux, soit pour l'écoulement du bassin, soit pour l'alimentation des polders.

§ 125. Baignant les écluses, dites de Mi-chemin, le lac y porte sans aucune entrave toute la masse des eaux surabondantes, mieux que ne pourrait le faire le meilleur canal de dérivation, et il en refoule une partie vers les écluses de Sparendam par le Spaarne et le Liede, ou vers celles de Katwyk, le long du village du Kaag.

§ 126. La Capitale peut, au moyen d'un système d'inondation, être parfaitement défendue contre toute attaque ennemie. Dans ce système le lac couvre d'un côté les lignes de défense.

§ 127. Mais il s'étend sur plus de 18,000 hectares, propres à devenir un terrain fertile; il forme pour le pays d'alentour une mer intérieure dangereuse; il n'est contenu dans son lit qu'avec peine et avec des frais toujours croissans. Si donc le lac continuait d'exister il pouvait occasionner des maux incalculables; mais en le desséchant on devait être pour toujours à l'abri de cette crainte, et l'on devait trouver des compensations à quelques inconveniens qui pourraient en résulter. — Une décision devenait donc urgente.

XI.

Les Plans antérieurs de dessèchement.

§ 128. Dès 1617 une concession pour le dessèchement du lac fut demandée par plusieurs associés aux États de Hollande, mais il ne parait pas que ceux-ci ayent pris une disposition quelconque à cet égard.

§ 129. En 1631 pareille concession fut vainement demandée par d'autres particuliers; la ville de Leide s'y opposa vivement.

§ 130. En 1643 un constructeur de moulins du village de Ryp en Nord-Hollande, nommé LEEGHWATER, publia dans un petit écrit fort estimé un plan détaillé de dessèchement accompagné d'une carte. Cet ouvrage obtint 13 éditions, dont la dernière, publiée par M. l'avocat VAN HASSELT, parut en 1838 à l'occasion des discussions aux États-Généraux.

§ 131. LEEGHWATER proposait une digue de périmètre et un large canal de dérivation, à peu près dans la même direction que celui actuellement construit, mais il voulait laisser en dehors la partie dite Kagermeer (§ 116). 160 grands moulins à vent, placés par 40 files à 4 étages (§ 58) devaient déverser l'eau dans le canal de périmètre, qui aurait fait, comme à présent, partie du bassin, en sorte que les eaux du lac auraient été déversées dans le bassin et conduites ainsi aux écluses. Celles de Katwyk n'existaient pas, et LEEGHWATER ne comptait pas sur leur établissement; mais il voulait, au moyen d'une jetée dans l'Y, former à Mi-chemin un bassin supérieur (§ 59) afin de ne pas trop dépendre du flux pendant le dessèchement. Il comptait mettre à sec 17,000 hectares et devoir dépenser fl. 3,690,000.

§ 132. Presqu'en même temps parut un plan à peu près semblable d'un sieur VEERIS, qui comptait sur 15 moulins pour le service d'un bassin supérieur ; pour le dessèchement sur 108 moulins, distribués par 36 files à 3 étages, auxquels on aurait pu ajouter les 15 moulins du bassin supérieur comme 4me étage.

§ 133. Après ces deux plans la question du dessèchement resta stationnaire pendant un siècle, jusqu'a ce qu'en 1742 l'administration du Rhinland ordonna à ses ingénieurs de dresser un nouveau plan raisonné : cette fois aucune des deux parties dites Kagermeer et Spieringmeer ne devait être endiguée. On ne mentionnait pas de bassin supérieur, mais on comptait sur un canal de dérivation vers Katwyk ; on adoptait 28 files de moulins à 4 étages, et le dessèchement de 16,100 hectares. La dépense devait être de fl. 6,631,000 , non compris les frais du canal de Katwyk.

§ 134. Vers la même époque un médecin de Leide fournit un tout autre projet. Mr ZUMBACH DE KOESFELT prétendait opérer d'abord le dessèchement après avoir comblé tous les canaux aboutissans au lac, pour n'établir qu'ensuite la digue de périmètre, avec les terres glaises mises à sec. Mais comment pourvoir ainsi à la navigation ? et pourquoi élever une digue, après que le dessèchement aurait eu lieu sans elle ? son estimation de frais ne montait qu'à 4 ou 5 millions.

§ 135. De 1750 à 1752 le Rhinland sollicita des États de Hollande le dessèchement, et tacha de s'entendre avec les villes de Harlem et de Leide, mais on n'obtint en résultat définitif, qu'un plan de réduction des projets antérieurs jusqu'à la somme de fl. 5,704,700.

§ 136. En 1766 les États de Hollande, de concert avec l'administration du Rhinland, chargèrent quelques experts de proposer les moyens propres à s'opposer aux envahissemens du lac. Ceux-ci différèrent entre eux d'opinion. Les experts ENGELMAN et trois autres fournirent en 1767 un plan de dessèchement, mais tout en le déconseillant comme dangereux pour le Rhinland, même avec l'établissement d'un canal de dérivation à Katwyk.

§ 137. Les deux experts KLINKENBERG et GOUDRIAAN jugèrent au contraire le dessèchement utile et rédigèrent en 1769 leur projet. Ils ne comprenaient pas dans l'entreprise la partie dite Spieringmeer, mais ils conseillaient un bassin supérieur d'à peu près 500 hectares près de Sparendam en dedans de la digue le long de l'Y; 50 moulins devaient y déverser l'eau du futur bassin amoindri du Rhinland, afin de prévenir sa trop grande élévation. LEEGHWATER et VEERIS avaient voulu un semblable bassin mais plus petit et en dehors de la digue. KLINKENBERG demandait 112 moulins, c'est-à-dire 28 files à quatre étages, un dessèchement de 19,000 hectares et une dépense de fl. 9,000,000.

§ 138. Le professeur D. VAN DE WYNPERSSE, chargé de l'examen de ce projet, en conseilla l'exécution en 1771; mais on commença les ouvrages de défense (§ 117) et le 18e siècle finit sans voir le dessèchement.

§ 139. Au commencement du siècle actuel, en 1808, le ministère de l'intérieur chargea l'ingénieur A. BLANKEN d'établir un nouveau projet.

L'état du Rhinland avait cependant infiniment changé: car l'exhaussement de la digue dormeuse près de Sparendam (§ 91) avait eu lieu, et le canal de dérivation à Katwyk (§ 100) avait été établi. Dèslors l'entreprise était devenue bien plus praticable; BLANKEN proposa cependant la rectification de ce canal, telle à peu près qu'elle vient d'avoir lieu (1). Il désirait un bassin supérieur dans le genre de celui indiqué par KLINKENBERG (§ 137), destinant à cet usage le Spieringmeer avec 30 grands moulins. Quelques ouvrages au canal dit Gouwe devaient tendre à faire dériver sur l'Yssel toute l'eau des 22 moulins, qui déversent sur ce canal et que reçoit actuellement le bassin du Rhinland. Le dessèchement d'après son plan devait s'opérer en 10 années, produire 18,000 hectares, couter 8 millions et être effectué par 93 moulins sur 21 files à 3 étages.

§ 140. En 1820 parut un plan du même ENGELMAN, dont il est parlé au § 136, devenu un vieillard plus qu'octogénaire. Conçu sur une plus vaste échelle ce plan comprenait dans le dessèchement non seulement le Spieringmeer mais aussi le petit lac dit Lutkemeer, et les tourbières-lac d'Aalsmeer. Mais il avait peu égard aux besoins de la navigation. Les eaux du lac ne devaient pas être déversées sur le bassin du Rhinland, mais directement sur l'Y, au moyen d'un bassin supérieur, à établir en dehors de la digue près de Mi-chemin. Là seraient construits par deux étages de moulins à vis d'Archimède, 25 de ces moulins à l'étage supérieur, 30 à l'étage inférieur, ensemble 55 moulins. Un autre bassin supérieur à Sparendam devait avec 15 moulins venir en aide au futur bassin amoindri du Rhinland. Ainsi devaient être mis à sec 24,000 hectares, en 5 années et pour la somme de 12 millions.

§ 141. En 1819 le roi GUILLAUME I avait accordé la concession du dessèchement à 3 particuliers, MM. le baron DE LYNDEN DE HEMMEN, ROËLL et REPELAER, avec autorisation de négocier les fonds nécessaires. Sur leur demande la société scientifique de Harlem avait mis au concours un prix pour le meilleur projet de dessèchement;

(1) 1 Octobre 1843. (voir § 236).

mais cette démarche n'avait pas eu de résultat satisfaisant.

§ 142. Le baron DE LYNDEN résolut alors de publier en 1821 son livre, accompagné de cartes, sur le dessèchement du lac de Harlem, ouvrage fort estimé, et pour lequel ne furent épargnés ni soins ni frais. Quoiqu'ayant plus que ENGELMAN (§ 140) égard aux besoins de la navigation, il interrompait son canal de dérivation autour du lac, dans les parties septentrionales et méridionales. Comme ENGELMAN il voulait déverser les eaux du lac directement sur l'Y. Sa force motrice était la vapeur, appliquée à des roues à palettes à plans inclinés. Au moyen de 18 de ces machines, distribuées en 6 files à 3 étages, et toutes placées près de Mi-chemin, il se proposait d'élever les eaux du lac à 18 pieds au dessus du fond, c'est-à-dire à 1,30 mètre plus haut que la superficie du lac : cependant l'étage supérieur devait être établi de manière à pouvoir aussi, au besoin, décharger le bassin amoindri du Rhinland ; 20,000 hectares seraient desséchées au moyen de 7 millions de florins.

Plusieurs écrits, quelquefois très-piquans, parurent contre ce projet, et plusieurs réfutations de son auteur les suivirent.

§ 143. Les ingénieurs en chef, MM. BRUNINGS et MENTZ, firent en 1823 un rapport détaillé au sujet de ces pièces. Quoique d'une opinion différente pour quelques questions secondaires, ils furent cependant d'avis que le projet, sauf quelques modifications, était exécutable.

§ 144. Vers la fin de cette même année l'inspecteur-général des travaux hydrauliques, BLANKEN, émit, d'après les ordres du Roi, son avis relativement aux pièces mentionnés aux § 142 et 143. D'après lui le dessèchement était fort exécutable, mais exigeait des modifications dans ces derniers projets. Il revenait à l'idée de ne pas dessècher le Spieringmeer, afin de ne pas trop amoindrir le bassin du Rhinland. Comme le baron DE LYNDEN il voulait déverser les eaux du lac immédiatement sur l'Y, mais au nord de Mi-chemin, et en comprenant le Lutkemeer dans un bassin supérieur d'où l'eau dériverait sur l'Y en passant par 3 vannes au dessous de la route et du canal d'Amsterdam à Harlem. Tous les moulins devaient donc être établis près du Lutkemeer. Quoique avouant les avantages de la vapeur pour l'économie du temps et de la dépense, il proposait des grands moulins à vent au nombre de 102, repartis par 34 files à 3 étages, qui devaient élever l'eau à 0,62 mètre au dessus du flux ordinaire. Son canal de dérivation ne devait pas non plus être continu; à l'ouest du lac, il devait avoir la largeur excessive de 60 à 75 mètres; 20,000 hectares seraient ainsi dessèchés pour fl. 8,000,000.

§ 145. En 1829 parut une brochure de M. DE STAPPERS, contenant un nouveau plan. Il paraît que cet ingénieur étranger n'avait pas la connaissance nécessaire des localités. Il semble par exemple considérer le Rhin près de Katwyk, comme appartenant aux eaux extérieures; il veut diminuer la masse d'eau du lac, en faisant écouler la profondeur d'un mètre sans extraction artificielle: cet écoulement s'opérerait par un canal à creuser depuis le lac jusque dans la mer du Nord, en passant près du village de Hillegom, et en formant un *Tunnel* sous les dunes. Comprenant dans son entreprise les 4,000 hectares de tourbières-lac d'Aalsmeer, qui d'après lui se revendraient facilement pour 4 millions, il se proposait d'opérer le dessèchement en deux ans au moyen de pompes de son invention; la dépense devait être de fl. 6,000,000.

§ 146. Enfin dans cette même année 1829 l'inspecteur

général des ouvrages hydrauliques MENTZ, lorsqu'il était encore ingénieur en chef en Nord-Hollande, fournit, sur la demande du Roi, un plan complet avec des cartes. Quoique ayant fait quelques objections contre les idées de l'inspecteur général BLANKEN, il adoptait les mêmes principes. Cependant le canal de dérivation devait suivre sans interruption la digue de périmètre. Il fallait pour le dessèchement de 16,600 hectares 5 années de temps et 7 millions de frais ; mais sans compter sur aucune dépense pour la rectification du canal de Katwyk, naturellement jugée inutile puisque les eaux seraient déversées immédiatement sur l'Y.

Plus tard M. l'inspecteur MENTZ modifia ses idées. Les succès d'une machine à vapeur hydraulique près d'*Arkelsche dam* (§ 323) lui semblaient autoriser l'établissement, soit à Sparendam, soit à Mi-chemin, d'une machine dans ce genre, qui pourrait déverser puissamment le bassin du Rhinland dans l'Y. Ceci devait permettre de charger ce bassin de toutes les eaux du lac, aulieu de les jeter de suite dans l'Y ; le bassin supérieur d'abord projeté devenait donc inutile ; et les moulins pouvaient être répartis entre trois endroits différens, le Spaarne, le Kagermeer et le Lutkemeer. Ainsi la navigation devenait libre au nord du lac, et le plan général se rapprochait bien davantage de celui, qui est mis en exécution aujourd'hui. M. MENTZ enfin voulait en dernier lieu employer conjointement des machines à vapeur et des moulins.

§ 147. Les projets de dessèchement n'ont donc pas manqué, surtout dans les derniers temps. Dans ces différens projets les estimations de frais varient quelquefois essentiellement, même de 3½ jusqu'à 12 millions ; cependant la plupart se rattachent à une somme d'environ 8 millions.

§ 148. On ne songea d'abord qu'à des moulins à vent; lorsque plus tard on connut la vapeur on vint à d'autres idées. Le baron **de Lynden** la voulait seule comme agent moteur; l'inspecteur **Mentz** ne l'admettait que comme auxiliaire des moulins à vent.

§ 149. D'une part on était convaincu de la nécessité d'un bassin supérieur, pour alléger après le dessèchement le bassin amoindri du Rhinland, ou bien on jugeait indispensable la conservation du Spieringmeer pour ne pas trop amoindrir ce bassin, et afin de lui conserver, du moins en partie, l'action favorable du vent près des écluses (§ 73). D'autre part on ne semblait pas attacher de prix à ces précautions.

§ 150. Il n'y avait du reste pas une très grande différence dans les systèmes proposés, excepté que les uns jugeaient impérieusement nécessaire le déversement immédiat du lac sur les eaux extérieures, et que les autres n'hésitaient pas à proposer le déversement sur le bassin du Rhinland.

§ 151. Le dessèchement du lac avait donc été formulé en projets raisonnés, 15 fois et peut-être davantage, pendant l'espace de deux siècles. Cet objet avait gagné presque chaque fois en développement et en espoir de réussite, tant par les progrès de l'art et les améliorations du bassin du Rhinland, que par le cours des circonstances, lorsqu'un évènement imprévu vint décider la question.

XII.

L'évènement décisif.

§ 152. Peu de temps après les propositions de M. l'inspecteur **Mentz**, en 1829, les troubles en Belgique avaient éclaté. Une époque peu favorable à l'exécution de grands travaux semblait avoir commencé, lorsque les ouragans réitérés de l'automne 1836 vinrent rappeler l'attention sur la vaste entreprise du dessèchement. Le 9 Novembre un vent d'ouest furieux chassa avec violence les eaux du lac sur Amsterdam. Elles se jetèrent à travers les polders et par dessus les routes et les digues, jusque sous les murs de la Capitale. Le jour de noël de la même année un ouragan parti de l'est, vint avec une force irrésistible emporter les eaux vers Leide. Une partie de la ville fut inondée, la chaussée près d'Oegstgeest fut submergée pendant deux fois 24 heures. Les vagues rompirent les digues ou se jetèrent par dessus en cascades dans les polders profonds. En Novembre l'eau monta près d'Amsterdam jusqu'à 0.77 m. + O. A. et 4,000 hectares de polders furent submergés; en Décembre la hauteur des vagues ne fut pas moindre, et l'inondation couvrit 7,500 hectares de polders, dont plusieurs profondément encaissés. Ce furent partout des réparations et des frais extraordinaires, et il fallut plus d'une année avant que tous les terrains submergés fussent de nouveau mis à sec.

§ 153. Les États députés des deux provinces de Hollande prirent la résolution d'appeler de nouveau l'attention du Roi sur cet objet important; dans une séance de la Commission d'agriculture en Nord-Hollande on résolut d'exposer à l'autorité supérieure, combien les dernières tempêtes avaient occasionné de nouveau des dommages; plusieurs particuliers influens s'adressèrent de leur côté directement au Roi.

§ 154. Ce Prince avait déjà témoigné souvent de sa protection bienveillante pour des entreprises d'utilité publique: ces démonstrations ne pouvaient donc que Lui plaire. Le 7 Novembre 1837 il nomma une commission spéciale, chargée d'examiner les différens projets existans, et de rédiger un plan définitif, accompagné d'une estimation de frais (1).

XIII.

Le plan de la commission de 1837.

§ 155. Cette commission pleine d'activité et d'intelligence eut bientôt rempli sa tache. Dans son rapport du 24 Octobre 1837 » elle ne méconnaissait nullement les in» convéniens que l'entreprise avait fait craindre précé» em» ment; mais depuis l'exhaussement de *la digue dormeu*» *se* de Sparendam, depuis l'existence du *canal de dé*» *rivation* à Katwyk, et depuis l'usage de la *vapeur*, » on pouvait croire à la possibilité de vaincre tous les » obstacles. Les appréhensions du Rhinland devaient » avant tout entrer en ligne de compte. Si l'on ne pou» vait y satisfaire, il fallait se désister de l'entreprise. "

§ 156. » 1°. Les eaux du lac devaient être déversées » sur le bassin du Rhinland, autrement il naîtrait au mi» lieu de cette administration un vaste polder indépen» dant; beaucoup de difficultés pourraient surgir de cette » circonstance, tandis que le nouveau polder, déversant » sur le bassin, serait naturellement soumis à la même » règle que les autres; de cette manière il aurait en outre » l'avantage de déverser sur un niveau bien plus bas que » les eaux extérieures, et d'économiser ainsi le surplus de » force nécessaire en cas de déversement sur ces dernières. "

§ 157. » 2°. On ne devait pas comprendre dans l'en» treprise le Spieringmeer. Cette portion septentrionale » du lac devait rester au bassin, pour conserver du moins

(1) Voir la gazette l'Etat du 10 Aout 1837 et le Journal de la Haye.

» une partie des avantages de la dérivation à Mi-chemin, » résultant de l'approche facile des eaux et de l'action » favorable des vents sur leur niveau : les eaux n'arrive- » raient autrement aux écluses que par le canal de dériva- » tion, et les inconvéniens, indiqués au § 75, se fe- » raient sentir."

§ 158. Après avoir émis ces deux principes, la Commission s'appliqua à compenser pour le bassin amoindri du Rhinland le manque de cet écoulement actif et efficace par les écluses sur l'Y, qu'y produit l'inclinaison de la surface des eaux, chassées par les vents favorables.

§ 159. Dans ce but on pouvait » en premier lieu con- » struire une quatrième écluse à Mi-chemin."

§ 160. » On devait en second lieu élargir et rectifier » le canal de dérivation vers Katwyk et agrandir ses » écluses."

§ 161. » Un troisième moyen serait l'approfondisse- » ment du lit du Spaarne, pour faciliter l'arrivée des eaux » aux écluses de Sparendam."

§ 162. » Une amélioration de l'écoulement du bassin » par les écluses sur l'Yssel était impossible, à cause de » la trop grande hauteur de cette rivière."

§ 163. » Pour le cas où l'expérience viendrait à dé- » montrer l'insuffisance de ces mesures réunies, on pour- » rait établir alors une machine à vapeur de la force de » 180 chevaux, propre à déverser le trop plein du bassin » sur les eaux extérieures. On placerait de préférence » cette machine à Sparendam, l'écoulement du bassin » devant le plus souffrir de ce côté, et les attérrissemens » du Spaarne pouvant être améliorés par le courant des » eaux attirées vers une machine aussi puissante. Une » cinquième écluse y devenait dans ce cas nécessaire."

§ 164. » Tous ces moyens, joints à un canal de déri-

» vation tout autour du lac, large et en libre communi-
» cation avec toutes les écluses, offriraient au Rhinland
» toutes les garanties nécessaires pour l'écoulement de son
» bassin, condition essentielle de tout dessèchement du
» lac."

§ 165. » Une crainte de tout autre nature étoit celle,
» que le bassin amoindri n'offrît pas, lors des sècheresses,
» un réservoir assez vaste pour suffire à l'alimentation des
» polders; mais on pouvait remédier à ce mal en éta-
» blissant des vannes sur l'Yssel, propres à introduire, en
» cas de besoin, l'eau de cette rivière sur le bassin."

§ 166. » Le large canal de dérivation autour du lac
» servirait à la navigation. Des chemins de halage et d'au-
» tres améliorations compenseraient les inconvéniens du
» détour, pour les embarcations nombreuses accoutumées
» à traverser le lac."

§ 167. » A l'exception du Spieringmeer toute l'é-
» tendue du lac, par conséquent aussi le Kagermeer, de-
» vait être comprise dans le dessèchement."

§ 168. » Le canal de dérivation suivrait les bords du
» lac, en coupant toutefois quelques terrains avancés, afin
» d'éviter un cours trop irrégulier. Sa longueur serait de
» 9 lieues (49,000 mètres), non compris les endroits où
» il passerait par des eaux déjà existantes, comme le long
» du Spieringmeer. Sa largeur serait de 40 mètres à
» l'ouest, ailleurs de 35 mètres, à la profondeur de 3
» mètres — O. A."

§ 169. » Tous les canaux ou rivières aboutissans au
» lac, devaient rester en libre communication avec le ca-
» nal de dérivation, tant à cause de la navigation intérieu-
» re, que pour conduire aux écluses les eaux abondantes
» que les polders déversent de toute part au bassin."

§ 170. » Une digue d'enceinte devait être élevée le

» long de la rive intérieure du canal; en creusant ce
» dernier, on obtiendrait sans frais le remblai pour la di-
» gue."

§ 171. » Les jetées à travers les canaux aboutissans et
» le long du Spieringmeer, nécessaires pour compléter
» la digue, auraient une longueur de 5,300 mètres."

§ 172. » On élèverait d'abord la digue à 2 mètres +
» O. A., non que cette hauteur soit nécessaire, mais afin
» que le fardeau du surplus presse et comprime le corps
» de la digue et le fond sur lequel elle repose, pour en
» former une masse compacte et impénétrable à l'eau."

§ 173. » On n'employerait pas exclusivement la vapeur
» comme force motrice, mais on l'adjoindrait comme
» auxiliaire à celle du vent."

§ 174. » On employerait donc 37 files de moulins à
» vent; savoir 32 files à 2 étages de moulins à vis d'Ar-
» chimède, et 5 files à 3 étages de moulins avec des
» roues à palettes sur plans inclinés, ensemble 79 mou-
» lins."

§ 175. » On placerait en outre à portée des trois
» grands points d'écoulement du bassin, trois machines à
» vapeur avec des vis d'Archimède, chacune de la force
» de 40 chevaux."

§ 176. La Commission, après être entree dans quelques détails au sujet de bassins intermédiaires, de chemins et autres moyens de communication, avait tracé sur une carte un plan de division du fond (*verkaveling*), après le dessèchement (1).

(1) Il s'agit ici de la division du terrain en parties ou lots réguliers, au moyen de canaux et de fossés, indispensables d'ailleurs pour conduire les eaux vers les moulins et machines à vapeur. Les chemins nécessaires sont aussi établis lors de cet ouvrage fort long et fort couteux, que nous désignerons par les mots *division du fond*.

§ 177. L'estimation des frais montait à fl. 8,355,000 y compris fl. 400,000 pour la machine à vapeur à Sparendam, et de plus une somme égale pour frais imprévus.

§ 178. « Cette estimation était sans doute élevée, mais » elle devait servir à une entreprise sans pareille en son » genre, nécessaire pour la sécurité du pays, et utile à » sa prospérité. »

§ 179. Tel était le plan de la Commission de 1837, fondé sur la connaissance de tout ce qui avait précédé; il fut la base des loix proposées pour le dessèchement.

XIV.

La loi de 1839.

§ 180. En Avril 1838 le Roi avait envoyé aux États Généraux un projet de loi pour subvenir aux dépenses de divers ouvrages d'utilité publique, parmi lesquels était aussi celui du dessèchement du lac de Haarlem.

§ 181. Cette proposition ne dut son rejet qu'à la forme dans laquelle elle était présentée : elle comprenait trop d'objets différens.

Mais dès-lors plusieurs Orateurs se prononcèrent pour le dessèchement.

§ 182. Vers la fin de la même année 1838 une nouvelle loi spéciale fut proposée, accompagnée d'un mémoire explicatif.

§ 183. D'après ce mémoire les États provinciaux de la Hollande avaient, afin de favoriser l'entreprise, voté une somme annuelle de fl. 60,000, pour 10 ans, et l'on pouvait s'attendre à voir plus tard l'administration du Rhinland suivre cet exemple. Elle avait du moins reconnu, que l'entreprise était utile et nécessaire, et qu'elle tendait à une diminution des frais annuels.

§ 184. Après quelques modifications dans le projet, sur les observations faites par les sections des États Généraux, il fut adopté en Mars 1839 à une immense majorité : 17 Orateurs l'avaient appuyé.

§ 185. Ainsi furent donnés au gouvernement les *moyens* d'exécuter enfin cette grande entreprise. La loi n'ordonnait pas qu'elle aurait lieu, ni quand ni comment elle serait effectuée. Elle ne faisait que partir de la supposition que le gouvernement la commencerait sans retard et prendrait pour base le plan de la Commission de 1837. Elle accordait à cette fin une négociation de 8 millions de florins.

L'application de cette loi ne se fit pas longtemps attendre.

XV.

La Commission pour le dessèchement.

§ 186. A peine la loi du 22 Mars 1839 était-elle promulgée dans le 26me année du règne de GUILLAUME I, qu'il ordonna » le dessèchement du lac d'après le plan de » 1837, sauf les modifications nécessaires."

§ 187. » Tous les ouvrages seraient exécutés sous la » direction supérieure du département de l'Intérieur, d'a» près les ordonnances en vigueur pour tous les travaux » publics de l'État."

§ 188. » Les terrains et propriétés nécessaires devaient » être expropriés pour cause d'utilité publique, soit à l'a» miable soit par force de loi."

§ 189. » Le Roi nommerait une commission spéciale, » chargée plus directement de l'exécution de l'entreprise. » Elle aurait la direction et l'inspection immédiate de tous

» les travaux. Elle organiserait et surveillerait tous les » détails de chaque ouvrage. Elle ferait avec les autorités » et les particuliers les arrangemens et contrats nécessai- » res. Elle exécuterait enfin avec promptitude tout ce » qu'exigent les intérets de cette importante entreprise."

§ 190. La commission fut nommée par arrêté du 22 Mai. Ses fonctions étaient honorifiques; seulement des frais modiques de voyage étaient alloués à ses membres.

§ 191. Elle se composait de onze membres, sous la présidence de M. le conseiller d'État VAN DE POLL. En 1840 ce nombre fut augmenté de deux membres scientifiques, et plus tard encore de deux officiers supérieurs du génie militaire. Le président VAN DE POLL ayant été nommé gouverneur de la province d'Utrecht, et la Commission ayant été invitée de la part du Roi à choisir son nouveau président, m'accorda cette honneur. En 1842 un des membres donna sa démission mais ne fut pas remplacé.

La Commission se compose donc actuellement du nombre, sans doute assez considérable, de 13 membres (1);

---

(1) Ces membres sont:

Messieurs GEVERS D'ENDEGEEST, conseiller d'État, membre des États-Généraux. (Président.)

BARNAART DE BERGEN, membre des États députés de la Hollande septentrionale.

BEYERINCK, Ingénieur en chef des ouvrages hydrauliques dans la Hollande méridionale.

C. J. DE BRUIN KOPS, Bourguemestre de Harlem, membre de de l'administration hydraulique du Rhinland.

EWYK, Conseiller adviseur près le département de l'Intérieur.

VAN GENNEP, Inspecteur en chef des Domaines.

GEVAERTS, Conseiller d'État, membre des États députés de la Hollande méridionale.

GRINWIS, Ingénieur en chef pour les travaux hydrauliques dans la Hollande septentrionale.

VAN OUTEREN, membre de l'administration hydraulique du Rhinland.

mais plusieurs intérêts devaient y avoir leurs organes. Le Gouvernement en premier lieu, puis les provinces de Hollande, l'administration générale des ouvrages hydrauliques, l'administration du Rhinland, les propriétaires fonciers et les habitans de ce district, enfin la défense de la Capitale, appuyée d'un côté sur le lac.

§ 192. La Commission installée en juin 1838, commença de suite ses travaux (1). Elle forma des sous-commissions pour différentes parties spéciales, et convint de s'assembler tous les mois en nombre complet, soit à la Haye, soit sur les lieux. Deux ingénieurs expérimentés lui furent adjoints (2).

§ 193. La Commission ne se dissimule pas les difficultés de sa tache. Si elle la remplit heureusement, quoiqu'il s'agisse du plus grand ouvrage connu dans ce genre, la Commission n'aura fait que répondre à ce qu'on attendait d'elle. Mais si le résultat, ce qu'à Dieu ne plaise, était moins favorable ; si elle éprouvait des difficultés imprévues, par exemple dans la confection ou dans la marche des machines à vapeur (§ 321), où la théorie seule devait être le principale guide, la pratique ne pouvant encore l'instruire, — alors sans doute elle encourrera plus de blâme qu'autrement elle ne recueilliroit d'approbation.

Messieurs Lipkens, Conseiller d'État, directeur de l'académie royale pour les ingénieurs civils etc. à Delft.
Simons, Inspecteur adviseur pour les affaires chimiques.
Ackermans, Colonel directeur du génie.
Merkes van Gendt, Adjudant du Roi, major du génie.

(1) Le lieutenant-général baron Merkus de Kock, était alors ministre de l'Intérieur — il a été remplacé en 1840 par le baron Schimmelpenninck van der Oye.

(2) Messieurs P. Kock et J. A. Beyerinck, hommes distingués par leurs capacités et leur zèle.

XVI.

Le Project final.

§ 194. La loi de 1839 n'était pas encore adoptée, que déjà deux changemens dans le dernier projet avaient eu lieu. D'après les observations des États Généraux le gouvernement avait déclaré : d'abord que la partie du lac, dite Spieringmeer, serait comprise dans le dessèchement (§ 157) ; en second lieu, qu'en conséquence, l'établissement de la machine à vapeur à Sparendam ne dépendrait pas des besoins futurs (§ 163), mais aurait lieu dès le principe.

§ 195. Un troisième et notable changement vint bientôt se joindre aux deux précédens. Le roi GUILLAUME II, embrassant l'idée, qu'avait fait pressentir son auguste Père, ordonna peu après son avènement, que la force seule de la vapeur serait employée pendant et après le dessèchement. Cet objet intéressant sera traité ultérieurement (§§ 308 et suivans).

§ 196. Un quatrième point, dont il n'avait jamais été question, mais que GUILLAUME II voulait à juste titre qu'on ne perdit pas de vue, était, que le système d'inondation pour la défense d'Amsterdam ne fut pas compromis par le dessèchement. Nous reviendrons aussi sur ce point (§ 298).

§ 197. En même temps des inspections et des mesurages nouveaux avaient servi à fixer ultérieurement plusieurs principes.

En dernière analyse, le projet final repose sur les bases suivantes.

Dessècher le lac entier, y compris le Spieringmeer et le Kagermeer, ensemble 18,100 hectares, ou 181,000,000 mètres quarrés, à la profondeur moyenne de 4 mètres, ce qui fait 724 millions de mètres cubes d'eau :

§ 198. Isoler le lac au moyen d'une forte digue de périmètre sans écluses pour l'introduction des bateaux dans le polder futur ; établir cette digue, soit au moyen de simples remblais sur les terrains, qui forment les bords du lac, soit au moyen de jetées à travers les criques et les canaux, qui interrompent ces bords, ensemble sur une longueur de 59,600 mètres, ou presque 11 lieues, dont 2,780 mètres à construire en jetées :

§ 199. Creuser autour et le long de la digue un large canal de dérivation, communiquant avec tous les canaux destinés à conduire l'eau vers les écluses, et à remplacer la navigation sur le lac. Elever autour de ce canal, partout où il coupe les polders, des digues pour les isoler ; creuser des fossés de démarcation le long de ces digues, pour les séparer des terrains adjacens ; établir sur le canal de dérivation des ponts et construire des chemins aboutissans pour les avenues du futur polder :

§ 200. Déverser l'eau du lac sur le bassin du Rhinland et non pas directement sur les eaux extérieures :

§ 201. Pourvoir à l'écoulement du bassin, augmenté de toute cette masse et cependant amoindri par suite du dessèchement ; 1°. en améliorant le canal de dérivation de Katwyk ; 2°. en approfondissant le lit du Spaarne ; 3°. en établissant à Sparendam une machine à vapeur d'au moins 180 chevaux, pour déverser le bassin sur les eaux extérieures ; 4°. en construisant encore une écluse de fuite à Mi-chemin, si elle était jugée plus tard nécessaire ou utile :

§ 202. Pourvoir à l'alimentation de ce même bassin amoindri, pendant les sécheresses :

§ 203. Faciliter la navigation, en compensation des détours qu'elle aura à faire :

§ 204. Compenser également ce que le système de

défense de la Capitale par inondation, semble devoir perdre par suite du dessèchement :

§ 205. Employer la force de la vapeur au lieu de celle du vent, aussi bien *pendant*, *qu'après* le dessèchement, et distribuer cette force sur trois points, le Kaag, le Spaarne et le Lutkemeer.

§ 206. Exproprier le terrain nécessaire, et s'entendre avec les ayant-droit à des indemnisations.

§ 207. La surveillance des travaux et l'entretien des parties achevées, devaient nécessairement être choses inhérentes à l'entreprise.

§ 208. La division du fond desséché (§ 176) et la confection de canaux, de chemins et de ponts à l'intérieur du futur polder, devaient compléter l'opération.

§ 209. Il fallait enfin pourvoir plus tard à tous les travaux imprévus, qui peuvent naître d'une semblable opération.

§ 210. Huit millions de florins étaient alloués pour toute l'entreprise.

C'est d'après ces bases, tracées à grands traits, que devait enfin pendant l'été de 1839 commencer ce grand dessèchement, dont Leeghwater avait fourni un premier plan, il y a presque deux siècles.

Il serait superflu d'entrer pour le moment dans de plus grands détails. Il faudra revenir plus tard, séparément, sur chacune de ces bases.

XVII.

L'époque opportune.

§ 211. L'entreprise dont il s'agit, semblait être réservée au temps le plus propre à son exécution. Un concours de différentes circonstances avait créé ce moment favorable.

§ 212. Précédemment les hautes marées de l'Y passaient par dessus la digue dormeuse de Sparendam (§ 91); mais le Rhinland avait exhaussé en 1806 cette digue, et empêché pour toujours ce grand transbordement d'eau, gênant pour le grand bassin, accablant pour le bassin amoindri.

§ 213. Précédemment le Rhin ensablé se mourait près de Katwyk ; mais le Rhinland avait en 1807 audacieusement ouvert de nouveau cette ancienne bouche du fleuve, et créé ainsi une dérivation efficace sur la mer du Nord, très utile déjà pour le grand bassin, mais indispensable pour le bassin amoindri (§ 100).

§ 214. Anciennement on n'employait pour l'épuisement des eaux, que la force seule du vent. Dans les dernières années la force de la vapeur lui fut adjointe, d'abord comme auxiliaire, ensuite comme complément (§§ 308 et suivans). La science enfin, ayant fait plus de progrès, on osa conseiller la vapeur seule comme plus infaillible et à meilleur marché. Or plus l'entreprise est grande, plus ces deux qualités deviennent essentielles.

§ 215. La forme de notre ancien gouvernement était souvent un obstacle à l'entreprise de grands ouvrages en ce genre ; mais la République fédérative avait fait place à la Monarchie constitutionelle ; or le premier Roi constitutionel était, depuis nombre d'années, le vieux Monarque, dont le règne sera toujours mémorable par les grands travaux, qu'il fit exécuter. Guillaume I le fondateur du canal de la Nordhollande, du canal de Bois-le-duc à Maastricht, de celui de Voorne, du dessèchement du Zuidplas, devait être encore l'auteur de celui du lac de Harlem. Lorsque l'Europe semblait s'agiter sur un volcan, lorsque la sédition Belge, et huit années d'une guerre onéreuse semblaient avoir ébranlé notre petit Royaume jusque dans ses fondemens, le génie persévérant du Roi voulut encore cette grande entreprise, la nation l'accueillit et la loi de 1839 décida le dessèchement.

§ 216. Le fils voulut achever ce qu'avait commencé le père. GUILLAUME II pousse activement les travaux ; puissent-ils être bientôt terminés sous son règne et ajouter une perle de plus à sa couronne royale !

XVIII.

Les inconvéniens.

§ 217. Il serait trop long d'énumérer toutes les objections successivement faites contre le dessèchement, et tout ce qu'on a dit pour les réfuter. Tout cela dépendait d'ailleurs de circonstances et de projets antérieurs.

D'après le plan final il ne semble rester que deux inconvéniens, ou plutôt deux sujets majeurs de crainte : d'abord le surcroit d'eau dans le bassin amoindri du Rhinland, en hiver ou pendant les pluies ; en second lieu, le manque d'eau pour l'alimentation des polders pendant les sécheresses, et lorsque le bassin amoindri ne pourra plus en être le réservoir de capacité suffisante ; circonstance dont la navigation pourrait aussi souffrir.

Si d'aussi graves inconvéniens étaient sans remède, les habitans du Rhinland en souffriraient véritablement.

§ 218. L'administration de ce district a toujours mis ces deux points en avant ; c'était son intérêt comme aussi son devoir. Elle ne pouvait donc désirer le dessèchement; mais on lui doit la justice de dire, que depuis que l'opération est entreprise elle ne l'a nullement contrarié. Au moment de la discussion de la loi de 1839 elle présenta aux États-généraux ses objections dans un mémoire fort détaillé, plein de calculs et de chiffres: en voici le sommaire.

§ 219. » Le bassin du Rhinland sera privé de son » meilleur moyen d'écoulement, produit par l'élévation » de son niveau contre les écluses sur l'Y, lorsque règnent » les forts vents d'ouest (§ 97). Ce bassin deviendra cinq » fois plus petit; les moulins actuels du Rhinland élèveront » donc, dans le même espace de temps, le bassin cinq fois » davantage qu'ils ne l'ont pu faire jusqu'ici. Il sera chargé en outre de toutes les eaux du futur dessèchement. » L'amélioration du canal de Katwyk, et la machine à » vapeur de Sparendam ne suffiront pas pour son écoulement; il arrivera donc que le bassin sera trop élevé, » ou bien que les moulins devront être assujettis à un degré d'arrêt de l'échelle indicatrice. »

§ 220. » Ce bassin amoindri ne pourra dans la même » proportion contenir en été que cinq fois moins d'eau. » Il ne suffira donc pas pour l'alimentation des polders, » tandis que l'auxiliaire de vannes, pour tirer l'eau de » l'Yssel (§ 165), ou bien serait insuffisant, ou bien, s'il » pouvait être efficace, donnerait dans le canal de conduite, le Gouwe, un courant nuisible à la navigation. »

§ 221. On pourrait peut-être réfuter aussi ce mémoire par des chiffres et des calculs, mais ils reposent de part et d'autre sur des observations parfois inexactes, sur des résultats moyens, sur des théories. Bornons-nous aussi au sommaire des solutions.

§ 222. » L'écoulement efficace et tant vanté sur l'Y, » fût-il toujours libre de tout danger, dépend des tempé-

» tes, qui n'arrivent pas toujours au moment nécessaire. » Cet écoulement efficace ne sera pas tout à fait perdu, » car l'action des vents dont il s'agit existe aussi sur les » canaux aboutissans aux écluses, comme le Spaarne et le » nouveau canal de dérivation. Le bassin amoindri jusqu'à » un cinquième sera sans cesse abaissé cinq fois plus vite. » La perte de l'écoulement efficace que produit la tem- » pète, sera compensé par l'amélioration du canal de Kat- » wyk et par la machine à vapeur de Sparendam. Il est » présumable qu'avec ces deux puissans auxiliaires le bas- » sin amoindri pourra à la longue se trouver sans cesse » assez déchargé pour permettre aux moulins et aux ma- » chines à vapeur du nouveau polder, de marcher sans » interruption. Avant que de leur imposer un dégré d'ar- » ret, il est encore d'autres auxiliaires à mettre en usage."

§ 223. » En tout cas, l'inconvénient du trop plein » existera principalement et plus que jamais, pendant » le dessèchement, lorsque les machines à vapeur déver- » seront nuit et jour sur le bassin amoindri. Par con- » séquent de deux choses l'une : ou bien il arrivera que » l'entreprise pourra continuer sans interruption, et alors » la crainte, qui sera trouvée être vaine pendant le des- » sèchement, le sera plus encore après; — ou bien, » l'entreprise devra discontinuer, jusqu'à ce qu'on ait em- » ployé d'autres moyens, et ceux-ci ne manqueront pas. » Ainsi, lorsque le dessèchement sera accompli, l'inconvé- » nient du trop plein dans le bassin amoindri n'aura pas » eu lieu, ou bien aura été vaincu. Cette circonstance peut » rassurer les plus craintifs (1)."

---

(1) Je ne veux pas dissimuler avoir d'abord craint le dessèchement comme propriétaire foncier dans le Rhinland, mais avoir été porté par la force de ce raisonnement, à donner, comme membre des États-Généraux, mon assentiment à la Loi.

§ 224. » Quant au manque d'eau en été, on peut éga-
» lement y pourvoir. Le Rhinland est plus bas que les ad-
» ministrations hydrauliques adjacentes, et bien plus bas
» aussi que les rivières. Il peut recevoir, pendant les sé-
» cheresses, de l'eau de toutes parts, même lorsque les
» rivières sont abaissées à leur niveau d'été; pourvu qu'on
» sache s'entendre, et que des intérêts imaginaires ne vien-
» nent pas s'opposer à ce qu'on atteigne le but réel; mais
» une administration impartiale et un Gouvernement fort pour-
» ront embrasser dans leur ensemble ces intérêts subor-
» donnés, et en décider équitablement."

§ 225. » Cependant l'inconvénient du trop plein dans
» le bassin a été beaucoup diminué par la décision, que
» la vapeur seule serait employée (§ 321); car le futur
» polder, toujours maître, après le dessèchement, de dé-
» verser à loisir ses eaux au moyen de cette vapeur, pourra
» de préférence en faire usage pendant que l'absence du
» vent condamne les moulins à l'immobilité." Mais n'an-
ticipons pas sur l'avenir: les moyens d'empêcher le mal
ne manqueront pas, et l'expérience fera connaître jusqu'à
quel point et comment ils devront être appliqués.

§ 226. En attendant la Commission n'a pas perdu de
vue ces points importants; depuis plus d'un an quelques-uns
de ses membres ont été chargés de s'en occuper plus spécialement. Ils doivent en même temps constater l'élévation et l'abaissement presque sans exemple du bassin en
1841 et en 1842, ainsi que les suites de ces cas extraordinaires. Car si cette élévation, née des pluies excessives
de 1841, ou bien ce grand abaissement, provenant de la longue sécheresse de 1842, se fussent manifestés après le
dessèchement, l'un et l'autre aurait été sans doute attri-
bué à notre entreprise. Il était donc utile de connaître
officiellement les détails de ces cas inaccoutumés, et de les

préserver de l'oubli. Il s'agira en même tems d'examiner si les mesures de prévoyance devront s'étendre jusqu'à des circonstances aussi rares, ou bien s'il suffira de les baser sur une situation moins extraordinaire.

Une partie suivante de cet ouvrage pourra contenir les résultats de cet examen.

XIX.

L'expropriation. (§ 206.)

§ 227. Dès que la Commission eut à s'occuper d'affaires d'expropriation, elle employa tous les moyens en son pouvoir pour les terminer à l'amiable.

§ 228. Elle y parvint pour 512 propriétaires différens, et passa avec eux des contrats.

§ 229. A l'exception d'un certain nombre de terrains pour le canal de Katwyk, ceux qu'il fallut acquérir n'étaient pas en général d'une très-grande valeur; 25 habitations à Aalsmeer, quelques unes à Sparendam et deux fermes au nouveau canal de Katwyk, furent les seuls bâtimens, que l'on eût à démolir.

§ 230. Les propriétaires furent en général faciles; il n'y eut que 6 contestations, dont les tribunaux eurent à décider.

§ 231. Il y en aurait eu davantage peut-être, si l'on eut connu alors les prix élevés, que l'entreprise du chemin de fer d'Amsterdam à la Haye fut obligée de donner plus tard. Il faut dire aussi que la plûpart des riverains accueillaient favorablement l'entreprise: circonstance, qui a facilité sans doute les transactions.

§ 232. Néanmoins les prix s'élevèrent bien au delà de

l'estimation de 1837. Ils sont montés à fl. 650,000 et exigeront encore fl. 20,000. Pour cette somme on aura acquis un peu plus de terrain qu'il n'en fallait de rigueur ; car l'achât du tout, quoiqu'on n'avait besoin que de la plus grande partie, était quelquefois une condition des expropriés ; mais on revend ce qui est de trop en dehors du canal de dérivation ; ce qui se trouve à l'intérieur de la digue de périmetre pourra être parfaitement utilisé.

§ 233. Toute l'étendue des terrains expropriés, déduction faite de ce qu'on revend, s'élève à 348 hectares.

XX.

Le canal de Katwyk. (§ 201).

§ 234. Les travaux pour l'amélioration du bassin du Rhinland semblaient être les plus urgents : à ces travaux appartenait en premier lieu le canal de dérivation vers Katwyk. Les eaux n'y arrivaient qu'en faisant un grand détour à travers Leide par le Rhin, ou le lóng du village d'Oegstgeest, par un canal serpentant et trop petit pour pouvoir donner aucun résultat.

§ 235. Du confluent de ces deux eaux partait le canal de dérivation jusqu'à la mer, creusé en 1806 (§ 100) : il n'avait que 28 mètres de largeur ; la dimension de ses ponts et de son écluse intérieure répondaient à cette mesure. L'on adopta l'élargissement du canal existant, jusqu'à 52 mètres, et la création d'un nouveau canal de 40 mètres, depuis celui de 1806 jusqu'au Leede, le débouché méridional le plus considérable du lac.

§ 236. Cette ligne avait été conseillée, en 1837 par le Rhinland. On ne pouvait en indiquer une meilleure. Elle facilitait aussi, au point de jonction avec le Leede, l'arrivée des eaux du côté de Leide et du côté de Harlem par le canal de halage entre ces deux villes ; voir la carte N°. I.

§ 237. De ceci résulta la nécessité de construire trois nouveaux ponts sur cette nouvelle partie, et d'élargir du double les deux ponts en pierre sur l'ancienne.

§ 238. L'écluse intérieure, célèbre par sa solidité et sa belle construction, devait être agrandie.

§ 239. Pour les divers élargissemens il fallait entamer et démolir en partie les ouvrages appartenant au Rhinland, mais on eut le bonheur de s'entendre parfaitement à cet égard.

§ 240. La nouvelle partie du canal forma l'objet de la première adjudication que fit la Commission, et dont la longue série se trouve à la pièce justificative N°. 2 (1).

§ 241. L'adjudication N°. VII, comprenant les trois grands ponts sur ce nouveau canal, suivit bientôt.

§ 242. Une partie de l'élargissement de l'ancien canal eut lieu vers la fin de la même année 1840 (N°. X).

§ 243. L'agrandissement des ponts en pierre sur cet ancien canal s'effectua en 1841 (N°. XIII). Il fallut, au moyens de doubles batardeaux à travers le canal, mettre à sec les radiers. Les pluies excessives de 1841 rendirent cet ouvrage difficile.

§ 244. Dès le commencement de 1842 l'autre partie de l'ancien canal (§ 242) fut élargi (N°. XXI). On avait fait coïncider l'époque de cette adjudication avec celle où le

(1) Les chiffres romains sur la carte N°. I indiquent les différens ouvrages par ordre d'adjudication, et correspondent aux chiffres de la pièce justificative N°. 2, où se trouvent quelques indications relatives aux mesures et au prix. Les prix sont en florins des Pays-bas, un peu plus que 2 francs.

besoin de sable pour le chemin de fer d'Amsterdam à la Haye devait se faire sentir, et ce fut, comme on l'avait prévu, au même entrepreneur que les deux ouvrages tombèrent en partage. De cette petite circonstance résulta une économie de plusieurs milliers de florins.

§ 245. Enfin en avril 1843 on commenca le dernier, mais le plus important ouvrage du canal de Katwyk: l'agrandissement de l'écluse intérieure. Elle n'avait que 3 ouvertures; il fallut en ajouter deux (N° XXX). L'écluse extérieure, contre laquelle donne immédiatement la mer, avait dès son origine 5 ouvertures, quoique d'une moindre capacité. On n'a pas jugé nécessaire de leur donner une plus grande largeur.

§ 246. La première pierre de ce nouvel ouvrage fut solemnellement posée le 22 Juillet, le même jour qu'avait eu lieu, 38 ans auparavant, la première fondation de l'écluse. On put admirer la parfaite construction de cet ouvrage de 1806. Les briques et le ciment, liés et confondus, semblaient n'être qu'un rocher d'une si grande dureté qu'on eut beaucoup de peine à démolir les parties, qui devaient être entamées pour y lier les nouvelles constructions. Ce travail doit être terminé en 1843. Ainsi seront accomplies les améliorations du canal de Katwyk. Le Rhinland peut en tout cas s'en féliciter; car si, contre toute attente, quelque circonstance imprévue retardait le dessèchement, cette administration aurait dès à présent obtenu dans un de ses puissans moyens d'écoulement, une amélioration souvent souhaitée; l'entreprise réussissant, comme il y a tout lieu de croire, ce puissant moyen se trouvera établi d'avance sur une large échelle.

§ 247. Les frais, comparés à l'estimation de 1837, donnent un résultat désavantageux, causé par les prix élevés des expropriations, qui ont atteint la somme de fl. 117,000. Cette partie des travaux aura couté fl. 450,000 sans l'expropriation.

XXI.

Le Spaarne. (§ 201).

§ 248. Les améliorations du Spaarne consistèrent en partie dans l'approfondissement du lit de cette ancienne rivière, là où des attérrissemens avaient eu lieu ; en partie dans l'établissement d'un chemin de halage sur sa rive.

§ 249. Ce dernier ouvrage eut lieu dès 1840 (N°. VI); le chemin fut macadamisé. Il est indiqué sur la carte N°. I.

§ 250. Il fallut 17 ponts sur les fossés et petits canaux aboutissans au Spaarne (N°. IX).

§ 251. Les attérrissemens furent enlevés en 1841 et 1842 (N°. XVII) ; non seulement ceux, qui obstruaient la rivière sur toute sa largeur, mais aussi ceux, qui empêchaient les vaisseaux d'approcher assez du chemin de halage, pour pouvoir s'en servir. La ville de Harlem et la navigation s'applaudiront toujours de ces travaux. Ils coutèrent fl. 71,000, et dépassèrent d'un dixième les estimations de 1837.

XXII.

La machine à vapeur à Sparendam. (§ 201).

§ 252. L'établissement de cette machine, qui tend au même bût que les améliorations du canal de Katwyk, occupa aussi la Commission dès son origine.

§ 253. On pensa d'abord la placer plus près des grandes écluses qu'elle ne l'a été depuis, et ménager dans la coupure de la digue, nécessaire au passage de ses eaux, un moyen d'écoulement naturel du bassin, toutes les fois que la machine ne marcherait pas.

§ 254. Mais dans le système de défense d'Amsterdam (§ 298), l'emplacement actuel fut jugé plus utile. La machine se trouve plus éloignée de la coupure dans la digue, où se construit une écluse nouvelle. La carte N°. II indique ces ouvrages.

§ 255. Cet éloignement a rendu nécessaire un canal de conduite, à travers un polder, entre la machine à vapeur et son écluse. On en a profité pour créer à très-peu de frais un petit bassin, qu'on pourrait appeler à la rigueur un bassin supérieur, mais que nous nommerons bassin *d'épreuve*; car trop exigu pour servir avec quelque efficacité à l'usage d'un bassin supérieur (§ 59), il suffira au contraire aux expériences à faire pour connaître le produit exact de la machine à vapeur.

§ 256. L'administration du Rhinland consultée sur cet objet, si étroitement lié à son système d'écoulement des eaux, fit des observations. Elle n'attachait pas d'importance à ce que l'écluse nouvelle, dépendante de la machine à vapeur, pourrait servir aussi à l'écoulement naturel du bassin (§ 253), puisque dès à présent le Spaarne est à peine capable de conduire aux anciennes écluses de Sparendam toute l'eau, que celles-ci peuvent laisser passer.

§ 257. Mais on désira fortement pour l'écluse une profondeur plus grande que celle projetée par la Commission: on la voulait de 3 mètres. Ce point fut accordé, comme plusieurs autres.

§ 258. Cependant la Commission ne put satisfaire à la demande de *deux* machines à vapeur au lieu d'une. Elle avait examiné d'avance cette question: voici le résultat de son examen. » La pensée, qu'il serait prudent d'établir

» *deux* machines devait naître de la crainte, que l'écoulement artificiel produit par la vapeur, ne cessât entièrement dès que l'unique machine viendrait à manquer: si, pour subvenir à cette crainte, on établissait 2 machines sous le même toit, ce serait non seulement un surcroit de dépense de fl. 30,000, mais ce serait en outre une dépense inutile; car, *à moins d'accidens extraordinaires*, les bonnes machines à vapeur ne sont pas sujettes à s'arrêter forcément: s'il en était autrement, pareille interruption causerait les pertes les plus considérables à certaines fabriques. Mais cette crainte avait-elle jamais fait naître la pensée de se précautionner contre une semblable interruption, en construisant d'avance deux machines? Il en existait d'ailleurs, qui avaient marché 9 années de suite sans autre interruption que celle de 2 ou 3 heures par semaine pour nettoyer les chaudières. En cas *d'accidens extraordinaires*, comme incendie ou explosion, les deux machines sous le même toit en souffriraient également. On pouvait, il est vrai, construire deux machines convenablement éloignées l'une de l'autre; mais dans ce cas, le surcroit de dépense s'élèverait d'abord à fl. 150,000 une fois; après le dessèchement à fl. 4,500 par an. Cette augmentation de frais ne procurerait un avantage pour l'écoulement, qu'en établissant les deux machines sur deux points différens de dérivation, par exemple, à Sparendam et à Mi-chemin; car alors seulement la conduite des eaux vers chacune d'elles serait plus facile, et alors aussi on pourrait mieux en tirer parti pour des industries quelconques, si jamais on voulait y employer les machines après le dessèchement, lorsqu'elles ne seront nécessaires que pendant une partie de l'année. Mais ces avantages n'étaient pas pré-

» pondérans, et une seule machine à vapeur de la force » de 200 chevaux demeurait préférable."

§ 259. A ces argumens se joignait la circonstance, qu'on n'avait compté que sur la dépense d'une seule machine, et que si l'état futur du Rhinland venait à en exiger impérieusement une seconde, il serait très bon de pouvoir utiliser alors ce que l'expérience de la première aurait enseigné, quant à la construction, et quant à l'écoulement des eaux.

§ 260. Les bâtimens pour l'unique machine à vapeur, adjugés au mois de janvier 1843 pour fl. 104,500, doivent être terminés dans le courant de l'année (N°. XXIX).

§ 261. Dès 1842 la Commission avait déjà passé un contrât avec MM. Dixon & Comp., fabriquans à Amsterdam, pour la confection et le placement de la machine même (N°. XXI[a]). Cette machine avec ce qui s'y rapporte a déjà exigé des dépenses accessoires (N°. XXXIII[a], XXXIII[b] et XXIV); ce ne seront pas les dernières, en sorte que les frais, s'élevant déjà à près de fl. 100,000, dépasseront cette somme.

§ 262. Les travaux ultérieurs, comme le canal avec le bassin d'épreuve etc. (N°. XXXV), et la nouvelle écluse à Sparendam (N°. XXXVI), ont aussi été adjugés, ensemble pour fl. 107,500.

§ 263. Ils complètent sur ce point toutes les opérations en faveur du futur bassin du Rhinland: d'après ce qui en a été rapporté, et au moyen de la carte N°. II, chacun pourra se faire une idée de leur combinaison.

§ 264. La machine à vapeur est à cylindre horizontal du diamètre de 1.52 mètre, ayant une course du piston de 3.04 mètres. Elle doit faire 10 coups par minute. Le diamètre du volant est de 8.55 mètres. Les chaudières, au nombre de 4, ayant 1.65 mètre de diamètre et 11.50

mètres de longueur, sont du genre de celles en usage dans le duché de *Cornouailles* en *Angleterre*.

La machine doit, au moyen de roues à palettes, qui, prises ensemble, présentent une largeur de 22 mètres, extraire les eaux du bassin du Rhinland toutes les fois que cela sera nécessaire. La carte N°. II en montre l'élévation et la coupe. Cette machine fonctionnera quelquefois avec toutes ses roues en même temps, lorsqu'il y aura peu de différence entre les eaux intérieures et extérieures, et même, en cas de besoin, lorsque ces dernières seront un peu plus basses; quelquefois avec une partie de ses roues seulement, lorsque les eaux extérieures seront hautes, et qu'ainsi le fardeau de celles à déverser du bassin deviendra trop grand. Car on pourra laisser à volonté un certain nombre de roues inactives, et même ne travailler qu'avec deux seulement.

§ 265. Il serait inutile de vouloir déterminer d'avance la quantité d'eau qu'élèvera cette machine; la simple comparaison des 10 roues, couvrant ensemble une étendue de 22 mètres, avec la roue unique d'un grand moulin à vent d'un demi mètre de largeur, suffira pour faire comprendre, que ce produit sera considérable; mais il le sera surtout parce qu'on pourra disposer presque *sans interruption* de la force motrice, tandis qu'aucun moulin ne peut compter sur la force du vent pendant 60 fois 24 heures durant toute l'année. D'après ces données la saine raison semble dès à présent promettre au Rhinland les plus heureux résultats, quoiqu'on ne puisse encore en déterminer la mesure.

§ 266. L'écluse avec ses deux ouvertures, larges ensemble de 14 mètres et profonde de 3 mètres — O. A., est calculée pouvoir donner un passage facile à toutes les eaux que la machine élèvera. Elle ne sera pas à sas, mais pourra servir d'écluse de retenue. Un pont en pierre la couronnera.

§ 267. Le canal entre la machine et l'écluse n'est qu'un canal de conduite. Le petit bassin d'épreuve ne favorisera guère cette conduite, mais sa capacité pouvant être mesurée, et le temps nécessaire pour le remplir avec un nombre déterminé de roues, et à chaque niveau du bassin pouvant être précisé, on connaîtra exactement la force de la machine. On pourra donc se passer de toute détermination moyenne à cet égard, et la science en profitera.

§ 268. La Commission a eu d'abord l'idée de comprendre le polder entier, dont ce bassin d'épreuve forme une partie, dans un bassin supérieur de 55 hectares, ce qui aurait encore favorisé les expériences sur une plus grande échelle; mais les frais considérables et d'autres circonstances ont empêché de donner suite à ce projet, qui pourra néanmoins être réalisé plus tard.

§ 269. Quant à l'inondation pour la défense de la Capitale, la machine à vapeur pourra servir à submerger un certain terrain trop élevé pour l'inondation naturelle. Elle remplirait ainsi sans frais, le cas échéant, une lacune dangereuse de ce système.

§ 270. J'aurai à revenir dans la suite de cet ouvrage sur la machine à vapeur de Sparendam, afin d'en faire connaître la force et les résultats. Je n'en ai fait une plus ample mention ici que pour donner plutôt un aperçu de l'ensemble des opérations relatives au dessèchement.

XXIII.

Le canal de dérivation et la digue de périmètre (§§ 198 et 199).

§ 271. Pendant l'exécution des travaux pour l'améliorafion du bassin, ceux pour le canal et la digue autour du lac avaient aussi été entrepris. Les terres obtenues en creusant le canal devaient former le remblai pour la digue le long de la rive intérieure. Renfermer le lac entier dans cette digue, c'était là le principe du dessèchement. Procéder aussitôt que possible à cette opération, voilà ce qu'exigeait la prudence, soit pour laisser les terrassemens se consolider suffisamment, soit pour connaître en temps utile et par expérience, si la nature du terrain exigerait quelque mesure particulière.

§ 272. Le canal et la digue devaient, en règle générale, suivre les bords du lac. Mais afin d'éviter de trop grandes sinuosités, il a fallu quelquefois couper plus avant dans les terres, laissant ainsi à l'intérieur de la digue des pointes avancées, soit de polders ou de terrains naturels. La carte N°. I montre le cours entier de ces ouvrages.

§ 273. Sur la même carte se trouvent deux coupes, non seulement du canal et de la digue, mais aussi des digues des polders, qu'il fallait traverser, et des fossés de démarcation.

Le canal n'a pas toujours la même largeur; sa plus grande est de 45 mètres; elle se trouve au nord, pour la meilleure conduite des eaux aux écluses de Mi-chemin. De là, en passant par l'ouest et le sud, elle est de 40 mètres; à l'est de 38 mètres. Cette moindre largeur ne présentait pas d'inconvénient à cause de la quantité de mares, de canaux et de tourbières, qui facilitent de ce côté la dérivation des eaux dans tous les sens.

Tout le long du canal, au pied de la digue, doit règner un plan uni d'au moins 6 mètres de largeur, pour y construire plus tard un chemin de halage et pouvoir, au besoin, y établir une route.

§ 274. Un autre plan uni de 2 mètres, situé à 0.80

mètre — O. A. et qui sera couvert d'eau en hiver, doit en principe soutenir les bords du canal, mais ceux-ci une fois affermis, il pourra être enlevé, dans le cas où il s'agirait de donner au canal une plus grande capacité. A l'est, le long des terrains flottans (§ 284), au bord extérieur du canal, où cette mesure de précaution aurait été sans motif, elle n'a pas été adoptée.

§ 275. La digue ne conservera pas la hauteur de 2 mètres + O. A., qu'indique la coupe contenue à la carte N°. I; elle sera réduite à celle des digues ordinaires des dessèchemens, 0.78 mètre + O. A., tant par l'affaissement naturel de tout terrassement nouvellement fait, que par un nivellement général, après la consolidation.

§ 276. Dès le printemps de 1840 on adjugea les parties situées près le Nieuwe-meer (N°. III) et entre le Kaag et les confins de la Hollande méridionale (N°. IV); la première à raison de fl. 32 par mètre courant, la seconde à raison de fl. 27. En général les frais par mètre courant ne montèrent guère plus haut, excepté près du Schinkelpolder au nord-est du lac (§ 289). En plusieurs endroits ils n'allèrent que jusqu'à fl. 21 et même fl. 20.

§ 277. Le 5 Mai eut lieu, près du village de Hillegom, la cérémonie de l'ouverture solemnelle des travaux pour le dessèchement même; car les travaux précédens n'étaient que préparatoires. Le président VAN DE POLL (§ 191) entouré de la Commission et des autorités locales, après avoir prononcé un discours, enleva solemnellement la première de ces millions de bêchées de terre, au moyen desquelles le canal devait être creusé et la digue élevée.

§ 278. Bientôt l'endiguement fut aussi continué à l'est du Kaag (N°. V); au nord du lac, par une jetée à travers l'embouchure du Lutkemeer (N°. VI); et de là jusqu'à Mi-chemin (N°. VIII).

§ 279. On vit ainsi, pendant l'année de 1840, commencer l'endiguement sur 26,648 mètres de longueur, adjugés pour fl. 743,777.

§ 280. Le prix fut jugé modéré ; et l'exécution des travaux ne présenta que peu d'obstacles imprévus. On eut à creuser dans des couches épaisses de terres tourbeuses, mélangées quelquefois de minces couches de sable.

§ 281. Ces terres tourbeuses étaient fermes, impénétrables à l'eau : on put donc souvent creuser à sec jusqu'au fond du canal, sans même être beaucoup incommodé par l'infiltration des eaux. Or il arrive trop souvent dans ce pays, qu'il faut par différens moyens retirer la majeure partie du déblai de dessous l'eau, qui arrive en trop grande abondance pour pouvoir s'en débarasser.

§ 282. Le corps de la digue se compose donc, en général, de ces terres tourbeuses. A cause de sa grande largeur et de la nature molle du terrain supérieur, on ne crut pas devoir *noircir ce dernier* (§ 80). La digue est recouverte de gazon. Elle ne s'est en général que peu affaissée, preuve évidente du bon fonds, sur lequel elle repose.

§ 283. Tels furent les résultats de 1840 : on obtint ailleurs à peu près les mêmes, excepté près de Harlem, où le fonds se trouva, sur 500 mètres de longueur, être tellement bourbeux, qu'il fallut prendre d'autres mesures.

§ 284. On savait que le même cas existerait à l'est du lac près du village d'Aalsmeer. La langue de terre entre le lac de Harlem et les tourbières-lac, qu'indique la carte N°. I, n'est pas un terrain dans le vrai sens du mot. C'est une mince couche flottante, composée de roseaux, de nénufars et de beaucoup d'autres plantes aquatiques, dont les racines sont étroitement entrelacées et dont la surface s'est couverte insensiblement d'une croute de terre végétale, produit des herbes et des plantes, qui chaque automne retombaient et s'y décomposaient. Sous cette faible couche gît une bourbe noire, jusqu'à 4 mètres de profondeur. Ce terrain flottant monte et redescend avec le niveau du bassin. Il produit abondamment des roseaux et quelques foins grossiers, mais personne n'y porte ses pas, sinon le faucheur et l'amateur de la chasse. Il y voient le sol mobile ondoyer sous leurs pas, et courent grand risque de s'enfoncer à travers quelque brèche et de se perdre dans cette masse de limon.

§ 285. La digue et le canal devaient cependant passer à travers ce sol. Il est vrai que les travaux de défense contre le lac dans le siècle précédent (§ 117) prouvaient, qu'un fond solide pouvait y être établi. Quant aux meilleurs moyens, la Commission jugea prudent d'en faire deux essais sur 100 mètres de longueur, en deux endroits différens : ceci eut lieu en 1841 (N°. XIII).

§ 286. On coupa par bèchées le sol flottant, dans la direction du canal ; on en plaça une couche sur les bords mouvans : lorsque ceux-ci eurent fléchi par cette pesanteur, une couche nouvelle vint les faire baisser encore, et ainsi de couche en couche, jusqu'à ce que la premiére, devenue celle d'en bas, toujours poussée à travers la bourbe, fut venu se poser sur les terres dures du fonds, et que toutes ces couches ensemble eussent formé sous le limon des talus solides. Dès-lors pour établir le canal, il ne s'agissait que de retirer le limon et la bourbe; on l'étendit par couches peu épaisses sur les bords raffermis ; puis, à mesure que le soleil et le vent les sèchaient, on en forma le corps de la digue. Celle-ci, composée de ces terres de création nouvelle d'une part, et des anciens ouvrages de défense de l'autre, présenta bientôt une masse solide, sans que les frais aient été très considérables.

§ 287. Outre ces essais plusieurs continuations de l'endiguement ou de ses dépendances eurent lieu en 1841 : Au nord l'élargissement de fossés de démarcation (N°. XI); à l'ouest la digue et le canal sur presque toute l'étendue entre Mi-chemin et les confins de la Hollande méridionale (N°. XV); à l'est le long du Schinkel-polder (N°. XVI).

§ 288. Ce dernier ouvrage fut difficile par ce qu'il fallut élever le long de la rive extérieure du canal une forte digue de dessèchement en faveur des tourbières-lacs, qui sur ce point doivent bientôt être transformées de nouveau en un polder profond (§ 32).

§ 289. On avait bien, du côté du canal, terminé le pied de cette digue par une paroi de fascines (§ 82), mais du côté du polder on ne put parvenir à le fixer, qu'à l'aide d'un autre moyen artificiel ; car les terrains, déjà moux par leur nature, précipités dans l'eau de la tourbière-lac se changaient en fange, et allaient s'étendre au loin. On forma donc sur toute la ligne et jusqu'à fleur d'eau, une jetée de sable, amené à grands frais des dunes de l'autre côté du lac : enfoncée à travers cette fange jusque sur le fond solide, elle devint par sa pesanteur une masse inébranlable. Entre ces deux parois de fascines et de sable, qu'indique la coupe en bas de la carte N°. 1, le corps de la digue se maintint ensuite sans difficulté. Mais les accessoires étaient devenus plus difficiles que l'ouvrage principal ; ils augmentèrent de presque fl. 19,000 la somme convenue de fl. 98,000, ce qui fit monter le mètre courant à fl. 52.58, le plus haut des prix (§ 276). La connaissance de ces détails pourra servir d'exemple, et montrer comment de pareils travaux peuvent inopinément, par des obstacles imprévus, devenir difficiles dans leur exécution, et demander une grande augmentation de frais.

§ 290. On établit donc en 1841, ou du moins on commença à établir, 13,579 mètres d'endiguement, pour fl.380,356.

§ 291. Lorsque les deux essais (§ 285) eurent réussi, on continua en 1842 l'endiguement à l'est du lac, (N. XVIII, XIX et XXV). Dans ce dernier ouvrage on eut encore à lutter contre des terrains dépourvus de toute solidité. C'est là aussi, qu'il fallut démarquer par une estacade en pilotis le bord extérieur du canal, passant à travers une assez grande étendue de tourbière-lac. Les 500 mètres d'exécution difficile près de Harlem (§ 283) furent achevés en même temps (N°. XXVI).

§ 292. On s'occupa encore à cette époque de la continuation de la digue de périmètre au moyen de jetées à travers plusieurs embouchures de canaux ou de criques, dans la partie méridionale (N°. XXIII), et au Nieuwe-meer, dans celle du nord (N°. XXIV). Cette dernière, dans laquelle on laissa provisoirement une ouverture de 100 mètres pour le passage de vaisseaux, coûta fl. 126 par mètre courant, somme bien supérieure à celles indiquées au § 289.

§. 293. On dépensa ainsi en 1843 fl. 530,341 pour 15,334 mètres d'endiguement, y compris le prix de quelques achèvemens des ouvrages de l'année précédente.

§ 294. Dans l'année 1843 on verra terminé presque tout ce qui pourra l'être avant la fermeture définitive, sauf quelques parcelles, dont l'expropriation est encore en litige, et sauf une distance de 300 mètres où l'endiguement a quelque rapport avec le système de défense d'Amsterdam (§ 302). On pourra consulter les N°. XXXII et XXXIII.

§ 295. La dépense pour cet objet ne s'élèvera en 1843 qu'à fl. 49,606 pour 421 mètres, sauf quelques accessoires. Deux jetées, l'une près de Mi-chemin, l'autre près du Kaag, en font le principal objet.

§ 296. Du reste, la navigation et la dérivation des eaux du lac exigent, que les communications encore existantes, surtout les plus grandes, demeurent ouvertes aussi longtemps que possible. Les principales sont celles devant les écluses de Mi-chemin et près du Kaag, ainsi que le Spaarne, ensemble avec d'autres plus petites 1,181 mètres. A l'exception de toutes ces communications et des 2,037 mètres non encore expropriées (§ 294), les 59,500 mètres de contour, que doit ceindre l'endiguement entier, sont ou seront incessamment achevées; et certes, vû les nombreuses occupations que lestravaux préparatoires ont donné, on peut dire, que c'est avoir beaucoup obtenu pendant les quatre années, écoulées depuis l'existence de la Commission.

§ 297. Aurait-on pû faire davantage pendant cette époque? — La réponse à cette question se trouvera au § 308 et suivans. — Examinons d'abord les travaux pour la défense d'Amsterdam, en rapportavec l'endiguement; et quelques ouvrages accessoires.

XXIV.

Système de défense par inondation. (§ 204).

§ 298. En 1809 le général KRAYENHOFF avait conçu un plan de défense de la Capitale, reposant principalement sur l'inondation des terrains d'alentour. D'après ce plan le lac de Harlem devait couvrir au sud-ouest la ville. Ce projet valut à son auteur, d'abord le mécontentement de NAPOLÉON, plus tard ses bonnes grâces. On vit en 1811, d'accord avec ce plan, s'élever sur les écluses à Mi-chemin cette grande tour casemattée, que 1813 fit de nouveau disparaître. Le gouvernement avait toléré plus tard d'autres démolitions appartenantes au système de défense de 1809, qui semblait avoir été perdu de vue. Il n'en fût du moins pas question, ni lors du projet de la Commission de 1837, ni lors de la loi de 1839.

§ 299. Le Roi Guillaume II en jugea autrement. En effet, depuis l'adoption du système des faits accomplis, il importe plus que jamais à chaque nation d'empêcher à tout prix l'envahissement de sa Capitale : là sont les clefs de l'état; et si l'on avait jamais pu reprocher au dessèchement du lac de Harlem, d'en avoir rendu l'accès plus facile, c'eut été une tache imprimée à ce grand ouvrage. La sollicitude du Roi nomma donc membres de la Commission les deux officiers du génie indiqués au § 191, et celle-ci fit au mois d'Aout 1841 un rapport circonstancié.

§ 300. » Dans un système de défense toute bonne inon- » dation devait, en premier lieu, donner assez d'eau pour » rendre le terrain impraticable; en second lieu n'en pas » fournir au point de faciliter la navigation au dessus des » terres submergées. Le lac ne remplissait pas cette der- » nière condition; l'histoire l'avait prouvé. Le polder fu- » tur, avec son terrain bas et coupé en tout sens, pour- » rait au contraire les remplir toutes deux."

§ 301. » Dans le système de 1809 tout le Rhinland » était assujetti à l'inondation; mais on pourrait à l'avenir » la resserrer dans la partie du nord et du nord-ouest, au » moyen de deux bâtardeaux temporaires, qu'on jetterait en » cas de besoin sur deux points bien choisis, dans le canal » de dérivation. Resserrée ainsi, l'inondation pourrait, au » moyen de portes de retenue dans les écluses, être éta- » blie spontanément et alimentée sans peine, bien plus » que dans le système de 1809, où elle devait être pré- » parée longtemps d'avance au grand détriment de l'agri- » culture et de la navigation. Quelques ouvrages de » fortification, deux forts fermés avec des réduits pouvaient

» couvrir les bâtardeaux et fermer l'accès le long de la di» gue. De cette manière le dessèchement faciliterait la » défense d'Amsterdam au lieu de lui nuire. Elle pou» vait, à la vérité, ne jamais devenir nécessaire; mais de» vant tout prévoir, il était rationel d'établir des moyens de » défense, en remplacement de ceux qu'on allait perdre » par l'entreprise, et de les exécuter, du moins provisoi» rement, à ses frais. ".

§ 302. Le Roi, entrant dans les vues de ce rapport, alloua la somme nécessaire sur celle des fl. 400,000 pour dépenses imprévues, comprise dans les huit millions accordés pour l'entreprise. Le département de la guerre fut chargé de ces ouvrages de défense. De là provinrent dans l'endiguement entre Harlem et Mi-chemin les lacunes de 300 mètres (§ 294), mais qui s'achèvent déjà de concert avec la Commission. Les ouvrages de défense de ce côté s'élèvent en même temps. Ils viennent d'être aussi adjugés sur un troisième point à l'est du lac, où la digue avait été déjà achevée.

XXV.

Les travaux accessoires (§§ 207, 208 et 209).

§ 303. Afin de compléter le présent aperçu de l'état de l'entreprise (1), il faudra faire encore mention de quelques accessoires, appartenant aux divisions principales du projet final:

§ 304. Ainsi les travaux exécutés devaient être entretenus. Le pied de la nouvelle digue de périmètre eut sou-

(1) 1 Octobre 1843.

vent à souffrir des tempêtes : on se hâta de la réparer partiellement : mais bientôt l'entretien général des ouvrages fut adjugé pour un an, expirant au 1 Mai 1843 (N°. XXII), ensuite pour une autre année, finissant au 1 Mai 1844 (N°. XXXI) :

§ 305. Il fallut ainsi construire un pont sur le grand canal de dérivation, pour la communication d'un chemin, qu'il avait coupé près du village de Lisse (N°. XXXVII). Ce pont, d'un nouveau modèle, servira plus tard pour une des grandes communications avec le nouveau polder.

§ 306. On dût encore faire sur ce même point un nouveau bout de chemin de traverse (N°. XII), et un nouveau moulin à vent (N°. XX).

§ 307. Ces travaux accessoires ont exigé fl. 40,280. Il sera traité plus tard des frais de surveillance et de direction, qu'indique entre autre le § 207.

XXVI.

La vapeur (§ 205).

§ 308. Voici la réponse à la question faite au § 297. » Oui, l'on aurait jusqu'ici (1) fait peût être davantage, » si le gouvernement avait été plus-tôt en état de décider, » que la vapeur seule serait la force motrice, et s'il avait » été possible dès-lors de commander immédiatement les » machines nécessaires. "

§ 309. Mais ce ne fut qu'au mois d'Août de 1840, que partit pour l'Angleterre une commission, composée de MM. Beyerinck, Lipkens et Simons (§ 191), chargée d'y faire des recherches propres à éclairer cette question.

(1) 1 Octobre 1843.

§ 310. Le rapport des Commissaires part du principe, d'ailleurs généralement adopté pour toute entreprise de ce genre, que les machines, employées au dessèchement doivent, après que celui-ci est achevé, continuer leur service pour tenir le polder à sec. Seulement on employe les machines *pendant* le dessèchement avec le moins d'interruption possible; *après* le dessèchement on ne les fait travailler, que lorsqu'il est nécessaire d'évacuer les eaux du polder desséché. Il s'agit donc de connaître d'abord la force nécessaire à cette évacuation, et de se régler d'après elle. Si l'on négligeait ce principe, si l'on voulait employer plus de machines pour hâter le dessèchement primitif, qu'il n'en faut après pour tenir le polder à sec, on devrait, ce dessèchement primitif terminé, les démolir; d'où naîtraient des dépenses hors de proportion avec les avantages du temps gagné. Voici d'après ce principe le résumé du rapport :

§ 311. » I. La quantité d'eau, que contiendra le lac » après l'endiguement, est de 724 millions de mètres cu- » bes (1). Il faut ajouter à cette masse les eaux plu- » viales et les eaux d'infiltration (§ 8), évaluées ensemble » pendant le dessèchement à 36 millions, et après le » dessèchement à 54 millions de mètres cubes par an. » Mais comme, après le dessèchement, un prompt épuise- » ment doit toujours être assuré, même dans les circon- » stances les plus défavorables, lorsque le polder reçoit » tout-à-coup une grande masse d'eau, la prudence exi- » ge d'avoir égard à ces cas extraordinaires. La plus » grande quantité d'eau à déverser dans un mois, pourra

(1) 181,000,000 de mètres cubes (§ 197) à 4 mètres de profondeur donnent 724,000,000 de mètres cubes.

» donc être évaluée à 36,200,000 mètres cubes (1)."

§ 312. » II. D'après les essais connus, un fort moulin à vent élève tout au plus 60 mètres cubes d'eau à la hauteur de 1 mètre par minute. L'expérience prouve, que les moulins à vent ne marchent que 60 jours par an (2). Tout le reste du temps le vent est trop faible ou trop violent. Un fort moulin élèverait donc 5,184,000 mètres cubes d'eau par an à la hauteur de 1 mètre, en nombre rond et pour ne pas compter en défaveur des moulins, 6,000,000 de mètres cubes. En général les moulins doivent marcher, après le dessèchement, 30 jours par an, pour maintenir leurs polders à sec. On doit donc admettre, qu'après le dessèchement chaque moulin élèvera annuellement la moitié des 6 millions ou 3,000,000 de mètres cubes d'eau à 1 mètre."

» Le niveau le plus bas des canaux et fossés du grand polder futur sera de 5 mètres — O. A. En admettant que les moulins devront élever l'eau à cette hauteur, ce qui pourtant ne sera pas nécessaire, parce que le bassin du Rhinland, sur lequel s'opère le déversement, n'atteint pas le O. A., il faudra 120 moulins, qu'on peut reduire à 114 (3)."

§ 313. » III. La puissance des machines à vapeur se compte par force de cheval, et pour celle-ci l'on admet l'élévation de 4,500 kilogrammes à la hauteur de 1 mètre par minute ; cependant l'effet utile n'est pas ordinairement regardé comme la mesure de la force, mais

(1) Ceci repose sur des observations continues faites depuis 91 ans à Mi-chemin.

(2) On compte ici le jour pour 24 heures.

(3) Parce que d'après l'expérience de quelques polders dans le Rhinland 114 serait un nombre suffisant, et afin de ne pas compter en défaveur des moulins.

» c'est la force appliquée à la machine, par laquelle l'effet utile s'obtient. Cet effet utile sera donc moindre selon que la machinerie sera moins perfectionnée. On ne » comptera donc pour la force d'un cheval que sur une » élévation de 4 mètres cubes d'eau à la hauteur de 1 mètre par minute, en employant des pompes ; et à 3.5 » mètres cubes à la même hauteur par minute, en employant des appareils rotatifs, tels que vis d'Archimède ou » roues à palettes. De bonnes machines à vapeur ne demandent que 4 à 6 heures d'interruption par semaine ; on perdra donc un jour par mois, ou bien on conservera par an » 353 jours de travail. La plus grande masse d'eau à déverser par mois après le dessèchement était 36,200,000 » mètres cubes (§ 311). La puissance des machines à vapeur pour maintenir à sec le futur polder dans les circonstances les plus défavorables, devra donc être : en » employant des pompes une force de 1,084 chevaux, en » employant des vis d'Archimède une force de 1,238 chevaux, ou 1,200, parce que jusqu'à un certain point la » puissance des machines peut être élevée au dessus de » leur force ordinaire."

§ 314. » IV. Les machines à haute pression, avec expansion et condensation de la vapeur, sont, quant à la consommation du combustible, les plus économiques : elles seront en conséquence les seules dont on fera mention ici. » D'après des essais faits dans le Cornouailles, dont les machines ont acquis une grande célébrité, et d'après les » rapports mensuels, qui s'y publient sur le travail qu'elles font, on peut admettre : 1°. que plus le cylindre est » grand, du moins jusqu'à 80 pouces anglais (1) de dia-

(1) La mesure anglaise est encore trop généralement en usage quant aux machines à vapeur, pour se servir d'une autre. Nous désignerons

» mètre, et moindre sera proportionnellement la quantité » nécessaire de combustibles; 2°. que des machines à sim- » ple effet, avec des pompes, donnent les résultats les plus » avantageux; 3°. que de pareilles machines de 80 p. A. » (environ 2 mètres) de diamètre élèvent en terme moyen » 250 mètres cubes d'eau à la hauteur de 1 mètre, au moyen » de 1 kilogr. de houille, ce qui ne ferait pas encore 1 ki- » logr. par force de cheval par heure, mais qu'on porte- » ra à 1.2 kilogr. pour éviter tout mécompte; 4°. que » les machines à simple effet à mouvement rotatif, donnent » à peine quelque économie sur les machines à double ef- » fet; 5°. que les machines de Cornouailles à double effet, » qui peuvent, terme moyen, élever 160 mètres cubes d'eau » à la hauteur de 1 mètre en consommant 1 kilogr. de » houille, ont à vaincre une grande friction, et ne sont en » outre que d'une faible puissance, en sorte qu'on peut » s'attendre à un plus grand produit de machines plus puis- » santes à double effet, telles qu'on les désirerait pour le » dessèchement du lac de Harlem. En admettant néan- » moins que cette quantité de 160 mètres cubes puisse être » élevée a 1 mètre de hauteur en consommant 1 kilogr. » de houille, et que la force d'un cheval appliquée à » des appareils rotatifs, produise 3.5 mètres cubes à 1 mè- » tre de hauteur par minute, on aura une consomma- » tion d'à-peu-prés 1.3 kilogr. de houille par force de » cheval par heure; et en y ajoutant pour défauts de la » machine et mécompte 0.2 kilogr. ou un peu plus de $\frac{1}{7}$, » et en sus 20 pour cent du tout pour les motifs indiqués, » on devra en dernier résultat compter sur 1.8 kilogr. de » houille par force de cheval par heure."

---

les pouces anglais par p. A., les pieds anglais par pieds A, les livres anglaises par l. A.

§ 315. » V. Les machines à vapeur de Cornouailles, » dont l'expérience a prouvé depuis longtemps l'efficacité » pour l'extraction de l'eau des mines, et où l'expansion de » la vapeur a lieu dans le même cylindre, semblent devoir » mériter la préférence. En théorie il faudrait, en em- » ployant des pompes, 3 de ces machines de 360 che- » vaux, une sur chaque point de déversement (§ 205); » mais si l'on ne veut pas s'écarter de ce que l'expérience a fait » connaître, il faudrait 6 machines à pompes de 180 chevaux, » élevant chacune les eaux du lac de toute leur profondeur, » c'est à dire, à un étage; ensemble 1,084 forces de che- » vaux (§ 313). On pourrait à peu de frais et avec avan- » tage augmenter la puissance de chacune jusqu'à 200 che- » vaux. En employant au lieu de pompes des appareils » rotatifs, alors qu'il faudrait deux étages de machines, il » sera nécessaire d'en établir au moins 6, de 200 chevaux » chacune."

§ 316. » VI. En faisant usage de moulins à vent, il » en faudrait aussi, pour le moins, à deux étages; l'étage » supérieur de 57 moulins commencerait par épuiser le » lac jusqu'à le reduire à moitié de sa hauteur actuelle, » travail qui exigerait 15 mois; après cela il faudrait éta- » blir les 57 moulins de l'étage inferieur; mais ceux-ci ne » pourront marcher plus vite que les moulins de l'étage » supérieur, qui, forcés à présent de prendre toujours » l'eau à 2 mètres de profondeur, travailleront plus lente- » ment, et auront besoin de 33 mois pour la seconde moitié » du lac. Le dessèchement au moyen du vent demandera » donc 4 ans."

» Quant à la vapeur, en ne lui accordant que 250 jours » de travail par an, au lieu de 353 jours (§ 313), 6 ma- » chines à pompes (§ 315) de 200 chevaux, à un seul » étage, dessècheront le lac entier au besoin dans 10½ mois,

» mettons 14 mois, parce que les pompes, de même que » tout autre moyen, iront plus difficilement à une plus » grande profondeur. Les 6 machines à vapeur avec des » appareils rotatifs, devront, de même que les moulins, » manoeuvrer sur deux étages : au premier 3 machines, en- » semble de 600 chevaux, déverseront la première moitié » du lac en 8 mois; le déversement de la seconde moitié » en exigera 16. Tout le dessèchement demandera donc » 2 ans."

§ 317, » VII. Chaque moulin coutera fl. 26,000 et » demandera chaque année du dessèchement fl. 750 pour » le personnel et l'entretion. Ainsi les deux étages chacun » de 57 moulins, faisant ensemble 114 moulins, couteraient » pour effectuer le dessèchement, au delà de fl. 3,700,000 » y compris les intérêts du capital de premier établissement, » savoir de 114 fois fl. 26,000."

» Au moyen de machines à pompes à simple effet le dessèchement couterait fl. 1,200,000."

» En employant des machines à double effet, appliquées » à des appareils rotatifs, les frais seraient plus considéra- » bles, mais cependant ne s'élèveraient qu'à peine à fl. 1,700,000."

§ 318. » Après le dessèchement le personnel et l'en- » tretien de chacun des 114 moulins couteront fl. 650, c'est- » à-dire pour tous fl. 74,100, par an."

» Les machines à pompes, en comptant sur 53 jours de » travail par an et sur un moindre personnel, exigeront » fl. 54,000 de frais annuels; mais les machines rotatives, » à raison de 60 jours de travail par an et de dépenses » majeures en tout genre, fl. 73,000."

De tout ceci les rapporteurs tiraient les conclusions suivantes :

§ 319. » Qu'ils avaient dans leurs calculs constamment

» accordé l'avantage aux moulins et donné le désavantage » aux machines; qu'ils n'avaient même porté les jours de » travail de ces dernières qu'à 250 par an, quoiqu'on » pouvait compter sur environ 100 jours de plus, et que » malgré tout cela le résultat de leur recherches était : "

» Que le dessèchement avec des machines à vapeur à » pompes ne couterait que fl. 1,200,000, donc fl. 2,500,000 » moins que les moulins."

» Que ce même dessèchement avec des machines à va- » peur, appliquées à mouvement rotatif, donnerait, en com- » paraison des moulins, fl. 2,000,000 d'économie."

» Qu'après le dessèchement les frais annuels s'élèveraient » au moyen des machines à pompes, à fl. 54,000, ce qui ferait » fl. 26,000 de moins : au moyen de machines rotatives, à » fl. 73,000, encore fl. 1,000 de moins, que les moulins à vent."

§ 320. » Ces résultats favorables ne reposaient que sur » la construction excellente des machines à vapeur de Cor- » nouailles, que recommandait le rapport; ils seraient » perdus en se servant de machines moins parfaites. Les » rapporteurs avaient toujours distingué entre l'usage des » pompes et celui de moyens rotatifs; ces pompes cepen- » dant n'étaient pas si avantageuses par elles mêmes, que » par les machines, dont elles permettaient l'application. » Malgré cela les rapporteurs n'avaient pas exclusivement » conseillé les pompes, à cause du doute de personnes » expérimentées, par rapport à leur utilité pour élever » les eaux à une faible hauteur, et faute de recherches » suffisantes sur les lieux, lesquelles d'ailleurs ne leur » avaient pas été demandées."

§ 321. Telles furent les bases du rapport, sur lequel fut pris l'arrêté de *Novembre 1840, ordonnant* que le dessèchement du lac se ferait exclusivement au moyen de la vapeur.

§ 322. Si les moulins à vent avaient été l'objet principal, et de petites machines à vapeur l'accessoire, ainsi que l'avait proposé la Commission de 1837, il aurait été facile d'ordonner d'avance la construction des unes, et de copier les autres sur quelque machine connue dans le pays, sauf des améliorations. Mais d'après ce qui précède, la Commission ne put songer aux moyens de dessèchement que 18 mois après le commencement des travaux préparatoires, et c'est alors qu'il fallut abandonner l'ancienne voie, et s'en créer une toute nouvelle; car pour l'application de la vapeur à l'extraction de l'eau sur une aussi grande échelle, il n'existait aucun modèle à suivre, ni dans le pays ni à l'étranger. Or la Commission serait restée au dessous de sa tache, si elle ne s'était appliquée à l'usage des plus éminentes machines, dignes des progrès de la science, et possédant tous les avantages liés à une bonne construction.

§ 323. Pour des modèles à suivre, il ne s'en trouvaient pas. En Hollande, de plusieurs essais, faits depuis 70 ans, jusqu'au commencement du présent siècle, rien n'existe plus, sinon les descriptions. Deux machines, construites depuis, pour le grand polder de Mydrecht et pour celui de Krimpenerwaard, ont été de nouveau démoliés. D'autres, établies depuis 1828 dans 5 localités différentes, y sont encore d'une utilité majeure, mais aucune ne dépasse la force de 30 chevaux, et plusieurs n'atteignent même pas leur puissance nominale. La plupart dépensent au moins 10 kilogr. de houille par cheval et par heure.

§ 324. En Angleterre à l'est près de Bedford, la vapeur, il est vrai, maintient à sec une étendue marécageuse de 48,500 hectares, et y remplace comme forme motrice les anciens moulins à vent, que les Hollandais y bâtirent autrefois; mais ces machines, à double effet, à basse pression, à chaudières d'ancienne forme, mettant en mouvement des roues à palettes et dépensant beaucoup de houille, ne pouvaient pas non plus servir de modèle.

§ 325. Dans la circonstance actuelle, ce qui existait ailleurs ne pouvait donc nous être utile, comme trop imparfait, trop petit, et quant au combustible trop couteux. Ce dernier point était surtout important. Ce surplus de dépense, qu'on pouvait passer, et qu'on était même forcé de supporter pour les petites machines existantes, devait être soigneusement évité pour des machines encore à construire et pour une vaste opération. On était d'ailleurs convaincu, que, proportionnellement, les grandes machines demandent moins de combustibles que les petites, et qu'un petit nombre de puissantes machines est bien plus économique, par rapport au premier établissement et à l'entretien, qu'un plus grand nombre de faibles machines. Il fallait donc bien aller en avant et creër ce qui n'existait nullepart:

§ 326. Car les excellentes machines de Cornouailles (§ 320) ne servent pas au dessèchement de marais ou de lacs, mais à d'autres fins, souvent à retirer un mince filet d'eau de l'immense profondeur des mines. Ainsi, même en ayant égard à cette construction renommée, c'était toujours une tâche difficile d'appliquer également bien la force si judicieusement employée en Cornouailles, à une opération toute différente, c'est-à-dire à élever d'une petite profondeur la plus grande quantité d'eau possible.

§ 327. Il s'agissait donc d'inventer une combinaison nouvelle, de représenter cette combinaison par des plans et des dessins de la plus grande exactitude, de confectionner les machines d'après ces plans, et enfin de les placer et de les mettre en mouvement. Tout ceci demandait non seulement le genie et la science, mais aussi la pratique habituelle si indispensable en matière de vapeur. Or il semblait pres qu'impossible de trouver toutes ces qualités réunies en un homme, à la disposition du gouvernement, dans un pays, où la science de la vapeur n'a pas encore jeté des racines profondes.

§ 328. Sous Louis XIV, lorsque Riquet créait le fameux canal du Languedoc, il fallut que des Hollandais vinssent transformer en un polder fécond, muni de digues et d'écluses de fuite, les alluvions marécageuses à l'embouchure de la Gironde. Un Hollandais, de Vos, instruisit le grand Vauban de l'usage des écluses pour former et maintenir les inondations comme moyen de défense ; et ce même de Vos fut appelé pour des ouvrages hydrauliques au Havre. On eut recours à Leeghwater lui-même (§ 130) pour dessècher des Marais près de l'Esparre en Gascogne, près de Metz et dans le Holstein. Nos compatriotes furent appelés à construire en Angleterre les moulins pour le dessèchement des marais de Lincolnshire (§ 324). On vient d'en appeler en Portugal, pour l'endiguement des alluvions le long du Tage (1). Serait-ce donc un déshonneur pour nous, de chercher ailleurs des lumières pour une autre branche spéciale de connaissances. La Commission ne le crut pas. Elle pensa devoir prendre ailleurs ce qui s'y trouve être meilleur qu'ici, plutôt que de livrer, par un amour propre mal placé, à ses contemporains et à la génération future un ouvrage médiocre.

---

(1) Messieurs les Ingénieurs, frères Ortt, y ont été déjà et ont formé les premiers plans.

XXVII.

Essais et plans de machines à vapeur.

§ 329. Les avantages des machines à vapeur à pompes sont mentionnés aux §§ 317—320. Les pompes d'un grand diamètre n'étaient pas inconnues ; au contraire on les emploie à l'épuisement des docs pour les vaisseaux. Mais pour être utiles à l'épuisement du lac, elles devaient être d'une très-forte grandeur ; cependant c'est alors surtout qu'étaient à craindre les secousses répetées à chaque coup de la machine, et les inconvéniens connus des grands pistons. Les membres scientifiques de la Commission tâchèrent avant tout d'éviter ce double mal au moyen d'une combinaison nouvelle (1).

§ 330. Un modèle de pompe fut essayé à l'aide des machines à vapeur existantes ; et quoique ces épreuves ne purent entièrement réussir, entre autres à cause de l'imperfection des moyens pour attacher les pompes à ces machines, elles donnèrent pourtant un assez bon résultat.

§ 331. Dans ces essais la secousse, il est vrai, n'avait été que diminuée ; mais on en avait assez appris, pour espérer de plus en plus trouver un ensemble satisfaisant.

§ 332. Sur ces entrefaites le gouvernement avait envoyé à la Commission une offerte, faite par deux ingénieurs anglais, MM. Arthur Dean et Joseph Gibbs, de s'engager par contrat, à opérer le dessèchement avec des machines à vapeur de Cornouailles, appliquées à des pompes à plongeur. Des dessins et des plans y étaient joints et M. Dean s'était rendu lui-même à la Haye.

(1) Le conseiller d'Etat Lipkens, membre de la Commission, s'occupa surtout de cet objet. Le modèle qu'on suit pour les pompes lui est dû.

§ 333. De cette circonstance était née l'occasion d'apprécier l'expérience et les connaissances pratiques de cet ingénieur. Or nos essais (§ 330) avaient déjà produit pour les pompes un résultat favorable. Après plusieurs conférences on tomba d'accord sur la possibilité d'applanir les difficultés qui restaient à vaincre. La Commission jugea alors devoir épargner le temps et la dépense inséparables de nouveaux essais, et devoir en venir à une conclusion. Il lui sembla nécessaire d'ordonner la confection d'une machine d'épuisement et de l'établir sur un des grands points de déversement.

§ 334. Quand même cette construction, qu'on pourrait appeler *machine d'épreuve*, ne répondrait pas parfaitement à ce qu'on en pouvait attendre, elle devait cependant fournir toujours une bonne machine de déversement. Les défauts que pourrait avoir cette première construction serviraient d'avertissement pour les autres. On était d'ailleurs persuadé, que presque toute machine à vapeur compliquée ne fonctionne pas tout de suite à souhait; qu'au contraire, elle commence souvent par marcher mal et ne répond entièrement à ce qu'on attend d'elle, qu'après que l'on a réconnu et fait disparaître plusieurs défauts imprévus.

§ 335. Messieurs Gibbs et Dean s'engagèrent à fournir en harmonie avec la force, les dimensions et les qualités voulues, le plan complet d'une machine à vapeur de Cornouailles, appliquée non à des pompes à plongeur, mais à des pompes aspirantes, dont la Commission donna le modèle.

§ 336. Ils y satisfirent en Mars 1842. Ils avaient cependant imaginé une amélioration nouvelle, savoir l'usage de deux cylindres placés l'un dans l'autre, afin que la vapeur, après avoir produit par expansion dans le petit cylindre le coup ascendant, puisse être utilisée une seconde fois par expansion dans le grand cylindre pendant le coup descendant ou rétrograde. Des machines de Sims avaient déjà prouvé les avantages de cette méthode; mais là les deux cylindres avaient été posés l'un *sur* l'autre, et avaient exigé des bâtimens trop élevés. Le placement des cylindres l'un *dans* l'autre devait conserver les avantages tout en évitant les inconvéniens. En cas de non réussite rien ne serait perdu, sinon une dépense relativement petite; car la machine pouvait demeurer intacte pour le reste. Un heureux résultat au contraire offrirait des économies notables. — On comprit en conséquence cette amélioration dans le nouveau projet.

§ 337. De tout ceci résulta un contrat avec MM. Gibbs et Dean, dont voici les principaux termes :

» Ils fournissent le plan complet d'une machine à va-» peur, comprenant leur système amélioré de double cy-» lindre. Le diamètre du plus petit est de 84 p. A. (un » peu plus de 2.13 mètres). Elle doit être de la force de » 350 chevaux à 10 coups de piston par minute, et éle-» ver 32 à 34 millions de kilogr. (70 à 75 millions de l. A.) » à 0.30 mètre (1 pied A.) au moyen de 42.63 kilogr. » (94 l. A.) de houille de première qualité; la force de » cheval estimée capable d'élever 14,965 kil. (33,000 l. A.) » à la hauteur de 0.30 mètres (1 pied A.) par minute."

» Ils fournissent les dessins et la description nécessaires » à la confection d'une pareille machine, et se chargent » de la surveillance de cette confection et du placement."

» Si la machine surpasse le produit fixé, la rémunéra-» tion augmente proportionnellement."

» Si la Commission, après avoir essayé la machine à » double cylindre, ne l'approuve pas, celle-ci doit, com-» me machine à simple cylindre du même diamètre (84 p. A.)

» avoir une force de 200 chevaux, la force de cheval cal-
» culée comme il a été dit, et donner la même quantité
» de 10 coups de piston par minute."

§ 338. La Commission reçut bientôt et approuva, sauf quelques modifications, ce plan, formulé en 20 feuilles de dessins. Ce n'est qu'alors et pendant que ces dessins furent portés à la connaissance des fabriquans de machines pour obtenir leurs soumissions, qu'on put faire un modèle et un projet de l'édifice, propre à recevoir la machine.

XXVIII.

Le Leeghwater.

§ 339. On a vu par ce qui précède l'origine et les progrès du plan définitif de la première machine à vapeur pour le dessèchement du lac de Harlem. Elle reçut le nom de *Leeghwater*, d'après celui, qui conçut, il y a deux siècles, le premier plan de cette entreprise (§ 130), et dont le nom, dans la langue Hollandaise, se rapporte si merveilleusement à cet objet (1).

§ 340. L'endroit du placement fut choisi au midi du lac près du village du Kaag, d'où l'eau élevée peut s'échapper facilement et vite vers les écluses de Katwyk. C'est un des trois grands points d'épuisement (§§ 205 et 315) : il se trouve indiqué à la carte N°. I, tandis que la carte N°. II comprend le plan, l'élévation et la coupe de cette combinaison nouvelle, dont voici la description succincte.

(1) *Leeghwater* veut dire : qui épuise de l'eau.

§ 341. Cette machine à vapeur diffère tellement de la construction ordinaire, qu'il sera peut-être à propos d'en donner une explication plus longue, que ne comporteraient sans cela les bornes de la présente opuscule. Afin d'être à la portée de tous, et afin de faire comprendre les raisons, pour lesquelles on a donné la préférence à cette construction particulière, une courte digression sera utile.

§ 342. Dans les machines à simple effet, telles que Watt les inventa, la vapeur est introduite de la chaudière dans le cylindre *au dessus* du piston. Celui-ci, descendant par la force de la vapeur, entraîne avec lui l'un des bras du levier, auquel il est fixé par une tige, et soulève par conséquent le fardeau suspendu à l'autre bras du même levier. A la fin du *coup productif* le tuyau, qui amène la vapeur de la chaudière, se ferme, et une communication entre la partie supérieure et inférieure du cylindre s'ouvre. Alors la vapeur, qui a agi au dessus du piston se répand aussi en dessous et exerce des deux côtés une pression égale. Le piston se trouve alors en équilibre entre les deux pressions, ce qui a fait nommer la soupape, qui ouvre et ferme cette communication, *soupape d'équilibre*. Tant que cette communication reste ouverte, l'équilibre de pression se maintient, ce qui permet au piston de remonter par la pesanteur du *contrepoids*, qui a été élevé en même temps que la charge utile, lors du coup productif; quand le piston est arrivé dans la partie supérieure du cylindre, la communication entre les deux extrémités de celui-ci se ferme; la vapeur que vient d'être utilisée s'échappe vers le condenseur, et une nouvelle quantité de vapeur passe des chaudières au dessus du piston, et fournit de nouveau le coup productif en poussant le piston vers le bas.

Telles étaient les machines à vapeur précédemment employées comme essais pour quelques-uns de nos polders (§ 323).

§ 343. La machine à simple effet de WATT fut modifiée, en l'appliquant à l'extraction de l'eau des mines profondes de Cornouailles, au moyen de pompes foulantes. L'énorme poids des tiges de ces pompes fut cause qu'on préféra soulever celles-ci et non la charge utile par le coup productif, et refouler vers le haut la colonne d'eau, par la descente de ces tiges pesantes. Dans les machines de Cornouailles le coup productif ne fait donc que soulever un contrepoids, dont la descente fait remonter non seulement le piston mais aussi la charge utile.

§ 344. Du reste les machines à simple effet de Cornouailles sont semblables à celle de WATT, mais le principe de l'expansion de la vapeur y est appliqué d'une manière beaucoup plus étendue : WATT n'élevait guère la tension de la vapeur, au dessus de celle de l'atmosphère, et ne fermait la communication des chaudières avec le cylindre, que vers la fin du coup de piston ; dont par conséquent une faible partie seulement s'opérait par l'expansion de la vapeur. En Cornouailles la vapeur a été élevée à une tension, qui va jusqu'à 3 et 4 fois la pression de l'atmosphère, et elle y agit par expansion pendant la plus grande partie de la course du piston. On connait cette action de la vapeur; qu'on se représente le piston dans le bas du cylindre, et la vapeur arrivant de la chaudière sous lui, alors il est soulevé avec violence, il monte, et viendrait frapper avec une rapidité dangereuse le couvercle de cylindre, si pendant toute sa course on lui fournissait de la vapeur : mais pour éviter ce danger, quand le piston est arrivé à $\frac{1}{3}$ ou à $\frac{1}{4}$ de la course, ou à moins encore, (ce qui se règle à volonté) l'entrée de la vapeur se ferme, et le piston ne peut achever le restant de sa course que par

7*

l'impulsion d'une force décroissante, savoir celle qui résulte de l'expansion de la vapeur, et qui diminue à mesure que le piston laisse derrière lui un espace plus considérable, dans lequel la vapeur peut s'étendre. — Il en résulte, que la vitesse du coup de piston, d'abord très grande, diminue successivement, et se trouve réduite à zéro quand il arrive au haut du cylindre.

§ 345. Les machines de Cornouailles à simple effet sont devenues célèbres, surtout à cause du peu de combustible, qu'elles dépensent, en comparaison de leur travail. C'est pourquoi, partout ailleurs où elles ont été appliquées, le plus grand soin a été mis à imiter autant que possible tout ce qui pouvait amener d'aussi bons résultats. Les machines à pompes foulantes, qui donnent de l'eau à la ville de Londres, en fournissent un exemple; l'eau ne vient pas là d'une assez grande profondeur, pour que les tiges des pompes puissent avoir par leur longueur la pesanteur nécessaire pour soulever en retombant la charge utile; mais afin d'obtenir cette pesanteur, on charge ces tiges d'un poids additionel, ce qui les rend parfaitement semblables, pour l'effet, à la construction adoptée en Cornouailles.

§ 346. Pour épuiser les eaux des mines dans ce pays, l'usage des machines qui dépensent peu de combustible est surtout d'un grand intérêt. Ceci fut un motif de plus pour les employer aussi au dessèchement du lac de Harlem; mais elles devaient naturellement être modifiées d'après nos localités et d'après l'usage, auquel nous le destinions. Pour élever les eaux à de faibles hauteurs comme ici, les pompes aspirantes étaient évidemment préférables aux pompes foulantes, mais dès-lors une modification essentielle devenait nécessaire, car avec des pompes aspirantes l'eau devait être élevée par le mouvement ascendant des pistons des pompes, et nous avons vu qu'en Cornouailles avec des pompes foulantes l'eau est au contraire élevée par le mouvement descendant de ces pistons. Il fallait donc, pour imiter le mouvement des machines de Cornouailles, introduire la vapeur *en dessous*, et non pas au dessus du piston du cylindre ; il fallait en outre, au lieu du poids additionnel aux tiges des pompes, comme à celles de Londres, charger d'un certain poids la tige du piston du cylindre. De cette manière on devait aussi par le coup utile de la machine (effectué dès-lors par le mouvement ascendant du piston du cylindre), élever un fardeau, qui, en retombant pendant le coup rétrograde, ferait monter la charge d'eau.

§ 347. Pour dissiper toute crainte, un autre changement plus important encore, a été jugé nécessaire. Il a été parlé (§ 344) de la rapidité du piston pendant une partie du coup. Cette rapidité se communique naturellement aux pistons des pompes, lorsque ceux-ci, d'après la construction ordinaire, sont attachés à un des bras du levier, dont l'autre est uni au piston du cylindre. Il est vrai que cette grande rapidité n'aurait eu lieu ici qu'à la descente des pistons des pompes, lorsque leurs soupapes ne seraient pas chargées ; mais comme celles-ci devaient être grandes et pesantes, on pensa, qu'il pourrait en résulter encore des secousses nuisibles : par ce motif les balanciers des pompes ne seront pas attachés au piston du cylindre ; de manière que durant le coup productif, le mouvement du piston du cylindre et de ceux des pompes seront indépendans l'un de l'autre : quant au double cylindre, autre particularité notable du Leeghwater, il en a été déjà question au § 336.

§ 348. On pourra connaître par ces explications les motifs du choix de la machine adoptée. Plus tard nous en donnerons peut-être une description détaillée ; pour le moment bornons-nous à ce qui suit.

§ 349. La carte N°. III présente la coupe de la machine sur c. d. Le cylindre *a. b. c. d.* d'environs 2.13 mètres (7 pieds A.) de diamètre (§ 337) sera placé (§ 336) au milieu d'un plus grand cylindre *e. f. g. h.* d'à peu près 3.66 mètres (12 pieds A.). Ces cylindres n'auront ensemble aucune communication par en bas, mais seulement par en haut. Le piston circulaire *z* devra se mouvoir dans le petit cylindre, et le piston annulaire Z Z dans le grand.

§ 350. Les deux pistons seront réunis par 5 tiges. Celle du milieu, la plus forte, sera naturellement attachée au piston intérieur ; les quatre autres tiendront aux 4 segmens du piston annulaire. On n'a pu indiquer que 2 de ces dernières tiges dans la coupe perpendiculaire passant par c. d.

§ 351. Les 5 tiges supporteront un grand bac circulaire *i. k.*, auquel elles seront fortemen attachées. Ce bac sera rempli de lest, mais afin de ne pas charger les tiges de tout le poids que le coup productif de la machine devra élever, une partie de ce lest sera posé immédiatement sur les deux pistons. Ce poids pourra être augmenté ou diminué d'après les circonstances.

§ 352. Lorsque les 2 pistons seront en bas, comme il est indiqué par les lignes pointillées dans la coupe c. d., la vapeur sera admise de la chaudière en dessous du piston intérieur ou circulaire. Celui-ci sera poussé en haut, entraînant avec lui le piston annulaire, le bac, et par conséquent tout le poids.

§ 353. A une certaine partie du coup, la vapeur sera interceptée, et le reste du coup s'opérera par l'expansion de la vapeur (§ 344), jusqu'à ce que les pistons auront atteint le haut des cylindres, comme l'indique la figure. Pendant ce temps les pistons des pompes seront par leur propre poids, et indépendamment de la machine, descendus dans leurs corps de pompes (1), et par ce mouvement ils auront amené contre le dessous du bac les bras opposés de leurs balanciers.

§ 354. Alors s'ouvrira la soupape d'équilibre, et par conséquent la communication entre le dessous du cylindre intérieur et le dessus des deux cylindres. Le piston intérieur ou circulaire restera donc en équilibre entre les deux pressions supérieure et inférieure, pendant toute la durée du coup rétrograde. Mais le piston annulaire sera chassé vers le fond du cylindre par l'expansion de la vapeur sur sa partie supérieure, et parce que au dessous de ce piston il existera toujours une communication avec le condenseur.

§ 355. Les pistons des pompes chargés seront donc élevés, en partie par la descente du contrepoids ou fardeau, en partie par la pression, sur le piston annulaire, de la vapeur, qui a déjà agi sous le piston intérieur lors du coup productif. Après le coup rétrograde la soupape d'équilibre se fermera, la vapeur utilisée sera conduite vers le condenseur, et une nouvelle admission de vapeur de la chaudière au dessous du piston intérieur recommencera la manoeuvre.

§ 356. Il se pourrait que les bras des balanciers des pompes ne fussent pas assez vite levés par la descente des pistons des pompes, pour arriver à la fin du coup productif contre le grand bac circulaire chargé de poids. Il y aura donc un appareil, par lequel ce bac pourra être retenu avant l'ouverture de la soupape d'équilibre.

§ 357. La course des pistons des cylindres sera, comme celle des pistons, de 3 mètres : le diamètre de ces derniers sera de 1.60 mètres. Chaque pompe élèvera donc, à chaque coup, 6 mètres cubes d'eau.

---

(1) Dans la coupe c. d. les soupapes de la pompe X sont en position, mais dans la pompe Y, elles sont coupées par le travers, afin de mieux démontrer la forme.

§ 358. L'édifice, qui contiendra la machine et qui s'achève en ce moment (§ 366), sera une tour ronde, à laquelle sera adossé un bâtiment quarré pour les chaudières, qu'on pourra appeler le *chauffoir*; l'élévation et la coupe, représentées sur la carte N°. III, en donneront une idée. On placera les balanciers dans des embrasures ménagées à cet effet à distances convenables dans les murs de la tour. Il y aura 11 pompes, dont la distribution se trouve indiquée à la figure qui représente, quoiqu'en petit, le plan général de la machine (carte N°. III).

§ 359. Cette distribution peut paraître au premier coup d'oeil singulière. Elle demande quelqu'explication. Les pompes 1, 8, 9 sont placées à 120 degrés l'une de l'autre. La pesanteur de leurs pistons chargés d'eau sera donc régulièrement divisée sur trois côtés de la tour. De même les pompes 3 et 10, 5 et 6, 7 et 4, 11 et 2, toutes opposées l'une à l'autre, porteront toujours régulièrement sur les côtés opposés de l'édifice. C'est pourquoi l'on pourra sans inconvénient manoeuvrer avec les 11 pompes à la fois; avec 9 pompes en en dételant deux opposées l'une à l'autre; avec 8 pompes en dételant les N°. 1, 8 et 9; avec 7 pompes en enlevant deux paires opposées.

§ 360. En continuant ainsi on pourra diminuer successivement les pompes, et n'en conserver enfin que 3, qui pourront élever, à 10 coups par minute, 180 mètres cubes d'eau dans le même espace d'une minute. Comme elles devront, après le dessèchement et pour maintenir le lac à sec, élever cette quantité à la hauteur de 5 mètres; le produit sera égal à une quantité de 900 mètres cubes, élevés à 1 mètre de hauteur par minute.

§ 361. Ces pompes suffiront donc pour une machine à vapeur, qui, à 10 coups par minute, possède une force de 200 chevaux (§ 237). Si la machine à double cylindre, le Leeghwater, répond à l'attente, et produit en 10 coups par minute une force de 350 à 400 chevaux, elle demandera à cet effet 6 pompes, pour lesquelles on pourra employers 3 paires opposées l'une à l'autre.

Il est problable, que dans les deux cas l'usage d'un plus grand nombre de pompes avec une moindre rapidité sera préférable; mais la distribution qui précède permettra de les employer toutes les onze à la fois au commencement, lorsque la charge à élever sera moins lourde, même à 10 coups par minute.

§ 362. L'action des 11 pompes élèvera donc d'après ce qui précède 66 mètres cubes d'eau par coup de piston, donc, à raison de 10 coups par minute, 660 mètres cubes dans cet espace de temps; par conséquent 39,600 mètres cubes par heure, et 950,400 dans les 24 heures.

§ 363. L'eau élevée par les pompes se répandra sur un déversoir (*stortvloer*) L. M., qui est séparé du bassin par les écluses N. O. (carte N°. III coupe en e. f.). Aussitôt que l'eau répandue sur le déversoir s'élève plus haut que l'eau du bassin, les deux écluses s'ouvrent d'elles-mêmes, pour la laisser écouler sur ce dernier. De cette manière l'eau élevée du lac ne le sera jamais que très-peu au dessus du niveau du bassin. Par conséquent plus ce niveau sera bas (la différence entre le plus haut et le plus bas niveau est quelquefois de 60 centimètres), et moins il y aura de force à déployer par la machine. Le Leeghwater ne dépensera donc jamais inutilement la moindre partie de sa puissance. C'est un avantage des pompes sur les vis d'Archimède, qui amènent nécessairement l'eau à une hauteur déterminée, et dépensent ainsi, sans utilité, toute la force que demande l'élévation de l'eau depuis le niveau variable du bassin jusqu'au point invariable, où sont fixés les vis d'Archimède.

§ 364. Le Leeghwater, et les autres machines pareilles,

placées à un étage, élèveront en outre sans intermédiaire l'eau du lac de toute sa profondeur; commençant ainsi leur travail avec toutes les pompes à la fois, elles pourront, sauf à en dételer quelques-unes, le continuer jusqu'au bout, sans qu'on ait besoin de les arrêter une ou deux fois pendant le dessèchement, pour attendre l'établissement d'un second et troisième étage de machines (§ 58).

§ 365. Puisse cette explication avoir donné une idée suffisamment claire de la grande machine à vapeur, nommée le Leeghwater! Je dirai dans l'article suivant, comment la Commission pourvut au confectionnement des machines en général.

§ 366. La construction de l'édifice, destiné au placement du Leeghwater, avait en attendant été adjugée pour fl. 161,000 (N°. XXVIII de la pièce à l'appui N°. 2). Il doit être terminé en 1844.

§ 367. Il fallut, au moyen d'une jetée circulaire au bord du lac, mais dans un endroit où il a toute sa profondeur, isoler le lieu destiné à cet édifice, puis l'approfondir et le mettre à sec jusqu'à 7 mètres — O. A. C'est au bas de cette fosse profonde, qu'il fallut enfoncer 1400 pilotis, dont 490 de bois de chêne se trouvent à l'endroit, où la tour même devait être assise. Le terrain, jugé convenable lors des sondages, se montra alors être si ferme, que plusieurs pilotis ne purent être hiés à la profondeur voulue de 12 mètres. Quelquefois 25 coups d'une hie, pesant 500 kilogr., ne purent les faire avancer que de quelques lignes. Souvent le dernier pilotis refoula ceux qui l'avaient précédé. On ne rencontra qu'une seule et faible source.

§ 368. Le large radier, composé plutôt de poutres que de planches, se trouva le 15 Juillet 1843 placé sur ce vaste pilotage, et l'on put y asseoir les bases des énormes murs de l'édifice, dont j'eus l'honneur de poser la première pierre au nom de la Commission (1).

§ 369. Depuis lors, chaque jour a vu des milliers de briques, formées du limon de nos rivières, s'élever comme par enchantement en forme de murailles. On en a maçonné $2\frac{1}{2}$ millions en 3 mois. Le bâtiment doit recevoir la machine en 1844.

§ 370. Les murailles ne sont pas moins massives que les fondemens. Elles doivent supporter dans leur partie supérieure non seulement les 11 balanciers sans cesse en mouvement, pesant chacun 10,000 kilogr., mais aussi les tiges des pompes et leurs pistons, et enfin les torrens d'eau qu'amènent ces pompes ; 22,000 kilogr. par coup, à 1 mètre de profondeur, et jusqu'au delà de 100,000 kilogr. par coup lorsque l'épuisement sera plus avancé. Il faut considérer en outre que cet édifice, pressé par les terrassemens du côté extérieur du lac, dans l'endiguement duquel il est assis, se trouvera du côté intérieur et jusqu'à toute la profondeur de 5 mètres, à nud et sans soutien ; dès-lors on ne sera pas étonné, que la solidité de cet édifice ait été l'objet des soins les plus prévoyans.

Ainsi le Leeghwater sera un monument colossal, dû en majeure partie à la grande économie qu'on trouve en premier établissement, en combustible, en personnel et en entretien, dans une seule forte machine à vapeur, comparativement à un plus grand nombre de petites.

XXIX.

La confection des machines.

§ 371. Où et comment ferait-on confectionner les ma-

(1) Voir la Gazette de Harlem du 18 Juillet 1843.

chines à vapeur pour le dessèchement du lac? Cette question avait été agitée d'avance. Des difficultés semblaient se présenter de tous côtés. Il ne fallait pas, dans une entreprise si éminemment nationale, perdre de vue les intérets de notre industrie; mais pour des travaux de cette importance il fallait tout aussi peu négliger la plus grande perfection possible des machines. Une adjudication publique semblait n'être que l'exclusion de la plupart de nos fabriques indigènes, montées naguère encore sur un pied modeste: faire des commandes à celles qu'on jugerait les plus capables de les exécuter, aurait eu l'apparence d'une prédilection arbitraire.

Voici ce que pensa la Commission:

§ 372. » Les fabriques de notre pays étaient à même » de confectionner de bonnes machines, telles qu'on les » désirait, en sorte qu'il n'y avait pas urgence d'avoir » recours à la concurrence étrangère. Il était donc dans » l'intérêt de l'industrie nationale, qu'elle fut chargée de » cette confection. Les intérêts de l'entreprise le deman- » daient également à cause de la plus grande facilité du » placement ou des réparations à portée des fabriques."

§ 373. » Les prix ne devaient pas cependant trop sur- » passer les prix de l'Angleterre, non pas ceux du coût » dans la fabrique, mais ceux du coût au moment de la » mise en activité des machines, en sorte qu'il fallait join- » dre au coût à la fabrique en Angleterre les frais de trans- » port, des droits d'entrée, et d'un personnel étranger » plus cher sans doute que le nôtre."

§ 374. » Le gouvernement devait donc être invité, à » faire, dans ce cas particulier, en faveur de nos fabriques » nationales, une exception à la règle généralement adop- » tée, que tous les travaux et prestations pour l'état se » font par adjudication publique."

§ 375. » Pareille adjudication pouvait d'ailleurs trop » facilement mettre en cause des entrepreneurs inhabiles » ou malhonnêtes, dont le travail incomplet ou retardé » causerait des pertes peut-être irréparables, surtout si » c'étaient des étrangers; même si c'étaient des indigènes » ne possédant pas des établissemens du genre des gran- » des fabriques du pays, dont seules on pouvait, pour le » cas présent, attendre un bon travail."

§ 376. » Mais on pouvait ouvrir entre ces grands éta- » blissemens une concurrence raisonnable, au moyen de » billets de soumission. On pouvait encore, et l'on » devait même diviser le travail en quelques grands lots, » et tâcher de le repartir ainsi entre les grandes fabriques, » afin d'en favoriser plusieurs, et pour ne pas charger une » seule d'un surcroît de travail, d'où résulterait proba- » blement une perte de temps pour l'entreprise."

§ 377. » On ne se dissimulait pas, que même en » adoptant ces mesures, quelques fabriques du pays pour- » raient tirer de l'étranger les pièces les plus difficiles à » exécuter. Cependant cela même semblait, au lieu d'être » un mal, pouvoir au contraire être utile aussi bien à la » fabrique qu'à l'entreprise elle-même."

§ 378. La Commission avait recu l'autorisation d'agir dans ce sens, tant pour la machine à vapeur de Sparendam, que pour les autres.

§ 379. Celle de Sparendam n'était ni si compliquée, ni si nouvelle, que la Commission crut devoir en former, d'avance un projet complet expliqué par des dessins. Elle ne fit qu'indiquer aux fabriquans les plus distingués les principales données, et demanda leurs offres. Le résultat en fut la conclusion du contrat avec MM. DIXON & Comp. (§ 261).

§ 380. Pour le Leeghwater ce fut une chose plus

compliquée. Une copie des plans et dessins (§ 338) avait été envoyée à chacun des fabriquans. L'ouvrage avait été divisé en quatre parties:

1. La machine proprement dite.

2. Les balanciers.

3. Les chaudières.

4. Les pompes avec leurs tiges et pistons.

Pour chacune de ces parties on avait demandé des offres séparées, et l'on s'était flatté pouvoir accorder une commande à chacun des 4 principaux fabriquans, qui auraient obtenu alors la promesse de faire la même partie pour les autres machines; ceci aurait procuré aux fabriques un travail abondant, et aurait assuré aux machines un plus grand degré de perfection.

§ 381. Mais les offres des fabriquans ne firent mention que de sommes beaucoup trop élevées.

§ 382. On demanda aussitot les prix anglais, et l'on obtint de la part de fabriquans renommés des soumissions à plus d'un tiers de moins, y compris les frais d'assurance et de transport jusque sur les lieux.

§ 383. Nos fabriquans furent invités alors à revoir leurs soumissions primitives.

§ 384. Cependant il avait été précédemment question de tirer en tout cas quelques pièces principales de l'Angleterre, où l'on semblait mieux monté pour exécuter de tels ouvrages. On pensait aussi que nos fabriquans eux-mêmes auraient peut-être recours à cet expédient (§ 377).

§ 385. L'on s'arrêta à cette idée, après que ceux-ci, un seul excepté, n'eussent pas répondu, ou répondu avec hésitation à ce dernier appel, peut-être parce que la machine à vapeur de Sparendam ou des commandes pour la France et pour la Russie avaient déjà procuré beaucoup d'ouvrage dans leurs ateliers.

§ 386. Plusieurs mois s'étaient écoulés: il fallait en finir ; la Commission passa enfin des contrats pour les parties 1 et 4, les *cylindres* etc. et les *pompes*, avec les fabriquans anglais Fox & Comp. et Harvey & Comp. en Cornouailles; pour les parties 2 et 3, les *balanciers* et les *chaudières*, avec M. Paul van Vlissingen et Dudok van Heel à Amsterdam (N°. XXVIII*a* et N°. XXVIII*b*).

§ 387. Pour une si grande fabrique ces deux parties ne semblaient pas devoir donner trop d'ouvrage à la fois, lorsqu'il s'agirait plus tard de la fourniture pressée des autres machines à vapeur.

§ 388. D'après ces contrats, s'ils sont fidèlement exécutés, la machine doit pouvoir être essayée en 1844. La Commission s'est réservée l'inspection dans les fabriques et lors du placement, ainsi que la surveillance de l'exacte exécution des dessins.

§ 389. De cet état de choses, avait dû naturellement résulter une perte de temps et une complication des travaux. Ce fut une tâche difficile à remplir que de mettre en rapport avec les progrès de l'édifice, l'arrivée et le placement de ces parties diverses sortant de fabriques éloignées les unes des autres et en pays différens. Ce n'est donc qu'au commencement de 1843 que cette affaire a été terminée. Depuis ce temps la confection avance avec plus ou moins de rapidité. Les balanciers et les chaudières ont été prêts à Amsterdam au temps fixé. En Cornouailles des pièces difficiles ont été exécutées de suite avec succès ; d'autres ont éprouvé des retards ; une des pompes, mise artificiellement en mouvement, y a subi pendant 5 semaines une épreuve, dont le résultat a été des plus satisfaisans.

XXX.

L'aperçu général.

§ 390. De tout ce qui précède, en rapport avec l'expérience acquise, résulte l'aperçu suivant de l'état actuel (1) de l'entreprise :

L'expropriation des terrains et des bâtimens s'est faite partout à l'amiable, sauf quelques exceptions, et à des prix modérés.

§ 391. Un des deux puissans auxiliaires du bassin du Rhinland, l'amélioration du canal de dérivation vers Katwyk, va être terminé.

§ 392. Les ouvrages du Spaarne le sont entièrement.

§ 393. Quant à l'autre de ces auxiliaires; la machine à vapeur de Sparendam et tous les travaux qui s'y rapportent, sont adjugés et doivent être terminés en 1844.

§ 394. Le canal de dérivation et la digue de périmètre approchent de leur achèvement, pour autant que la clôture du lac est actuellement possible, et à l'exception de quelques parcelles, comprises dans le peu de terrains dont l'expropriation est encore en litige. Ce qui manque à cette clôture peut s'opérer en 4 mois, mais doit demeurer en grande partie suspendu, jusqu'au moment où les machines pourront commencer à fonctionner.

§ 395. Tout ce qui a rapport au système de défense de la Capitale par inondation, est réglé.

§ 396. Il a été pourvu à tous les travaux accessoires et à ceux d'entretien et de réparation, inséparables d'une entreprise de ce genre. On aurait pu faire encore mention

(1) Octobre 1843.

des frais d'administration et autres, mais ils sont sans intérêt par rapport aux travaux, et trouveront plus tard leur place dans un aperçu général des dépenses.

§ 397. Ce qui se rapporte bien davantage à ces travaux, c'est la décision des questions préalables les plus importantes ; savoir, que la vapeur servira de force motrice au lieu de celle du vent et qu'elle sera appliquée à un système nouveau de machines d'une énorme grandeur ; que le Leeghwater servira, pour ces édifices gigantesques, d'épreuve et de modèle ; que la machinerie du Leeghwater se confectionnera en partie dans les fabriques du pays, en partie dans celles de l'Angleterre.

§ 398. A moins de retards imprévus, l'année de 1844 ou le commencement de 1845, pourra voir le Leeghwater achevé et les autres machines d'épuisement commencées ; de plus un chemin de halage entourer le lac entier, partout où existera la digue de périmètre.

Peut-être que l'année de 1845 verra la clôture définitive du lac et le commencement du dessèchement. Dans ce cas, cependant peu probable, la majeure partie des eaux pourrait être épuisée en 1846, et les premiers fruits des terrains les premiers mis à sec, être récoltés en 1847.

Cependant un hiver rigoureux, quelque circonstance imprévue, un seul procès d'expropriation, traîné en longueur, pourrait renverser entièrement ces espérances.

§ 399. Nous terminons ici cette partie du présent ouvrage. Puisse-t-il avoir atteint le bût proposé, celui de faire connaître succinctement les bases et les progrès de l'entreprise, à la quelle il est consacré.

§ 400. Si d'une part la Commission remplit avec ardeur la tâche, que lui a imposée la confiance du Roi, de l'autre elle a le bonheur de se voir seconder par ses concitoyens et par les autorités, surtout par le département de l'Intérieur, dont elle ressort, et où ses vues et ses propositions se trouvent toujours favorablement accueillies. Puisse la Providence couronner de succès ces efforts réunis.

PIECES JUSTIFICATIVES.

N°. I. Enveloppe, contenant:

Carte I. le Rhinland et le Lac de Harlem,

Carte II. la machine à vapeur à Sparendam,

Carte III. la machine à vapeur *le Leeghwater* près du Kaag.

N°. II. Etat des adjudications et contrats pour les ouvrages au 1ier Octobre 1843.

Numéro d'ordre.	*Dénomination de l'ouvrage et date de l'adjudication.*	*Prix.*	*Observations.*
V.	Canal et digue etc. (depuis le village du Kaag jusqu'à celui de Oude-Wetering. Longueur (non comprises les embouchures de l'Aa et du Balgeryt) . . . . 5,220 m. (mêmes mesures que N°. IV). (Juin 1840).	fl. 118,153.	Prix du mètre courant fl. 23.50.
VI.	Canal et digue etc. près du village de Sloten, au nord du lac. Longueur . . . . . 3,310 m. (mêmes mesures que N°. III). (Juin 1840).	» 98,000.	L'entrepreneur fournit une embarcation qui reste à l'entreprise, pour le service de la commission et des ingénieurs. Prix par mètre courant fl. 29.87.
VII.	Les 3 ponts en bois sur la nouvelle partie du canal de Katwyk. (Juillet 1840).	» 41,664.	
VIII.	Canal et digue etc. entre le Lutkemeer et Mi-chemin. Longueur . . . . . . 2,736 m. et jetée à travers l'embouchure du Lutkemeer. 136 » Mesures comme au N°. III. (Août 1840).	» 91,388.	Le mètre courant fl. 34.88.
IX.	17 Ponts du chemin de halage le long du Spaarne. (Août 1840).	» 11,900.	
X	Élargissement du canal de Katwyk, depuis l'écluse intérieure jusqu'à la nouvelle partie du canal (N°. I).	» 72,498.	

Numéro d'ordre.	*Dénomination de l'ouvrage et date de l'adjudication.*	*Prix.*	*Observations.*
	Longueur . . . . . 1.739.00 m. Largeur à O A . . 52.00 » Profondeur à O A. 2.20 » (Septembre 1840).		
XI.	Élargissement de 2 fossés de séparation au nord du lac. Longueur . . . . 2,707.00 m. Largeur . . . . . 6.00 » (Avril 1841).	fl. 3,995.	
XII.	Chemin macadamisé et fossé près du village de Lisse. Longueur . . . . . . 1,550 m. (Avril 1841).	» 3,100.	
XIII.	Deux essais de canal et de digue près d'Aalsmeer. Longueur de chacun 100 m. Mesures comme au No. III. (Mai 1841).	» 4,775.	
XIV.	La prolongation des 2 ponts en pierre existans sur l'ancien canal de Katwyk. (Mai 1841).	» 34,500.	Le pont à l'ouest doit être muni de portes pour servir au besoin d'écluse.
XV.	Canal et digue etc. depuis les limites entre les deux provinces de Hollande jusqu'à Mi-chemin, excepté les terrains non expropriés. Longueur . . . . 11,158 m. Mesures à peu près comme No. IV. n 1841).	» 254,793.	A cet ouvrage appartient le déplacement d'un moulin d'un polder.

Numéro d'ordre.	*Dénomination de l'ouvrage et date de l'adjudication.*	*Prix.*	*Observations.*
XVI.	Canal et digue etc. le long du Schinkelpolder à l'est, y compris la grande digue de ce polder. Longueur . . . . . . 2,226 m. Mesures comme indique la coupe, relative à cet ouvrage, en bas de la carte N°. I. (Juillet 1841).	fl. 116,793.	Prix par mètre courant fl. 52.58.
XVII.	Améliorations au lit du Spaarne et complément du chemin de halage près de Sparendam. (Septembre 1841).	» 20,349.	
XVIII.	Canal et digue etc. au sud-est du lac, au nord du village d'Oude-wetering. Longueur, déduction faite de l'essai de 100 mètres (N°. XIII) qui se trouve dans cette étendue . . . . 3,695 m. Mesures comme au N°. III, sauf la largeur du canal à 38 m. (Février 1842).	» 82,634.	Prix par mètre courant fl. 27.36.
XIX.	Canal et digue etc. à l'est du lac, au midi du Schinkelpolder. Longueur, déduction faite des autres 100 m. d'essai (voir le N°. XVIII). Mesures comme au N°. XVIII. (Février 1842).	» 95,896.	Prix par mètre courant fl. 21.92.
XX.	Moulin pour l'extraction des eaux de la partie du polder dit Lisserbroek, coupée par l'endiguement à l'ouest. (Février 1842).	» 7,479.	

Numéro d'ordre.	Dénomination de l'ouvrage et date de l'adjudication.	Prix.	Observations.
XXI.	Élargissement du canal de Katwyk, entre l'écluse de mer et l'écluse intérieure. Longueur . . . . 403 m. Mesures comme au N°. X. (Février 1842).	fl. 32,600.	Les talus sont armés d'une couche de pierres de Vilvorde.
XXIa.	La confection et le placement de la machinerie pour la machine à vapeur à Sparendam. (Contrat avec Messieurs DIXON & Co. à Amsterdam, Avril 1842).	» 59,400.	
XXII.	Réparations et entretien jusqu'au 1r Mai 1843 des ouvrages déjà terminés. (Mai 1842).	» 10,701.	
XXIII.	Canal et digue etc. en deux parties : 1e partie. Jetées à travers l'Aa et le Hanepoel avec une partie de digue et de canal près le Lyckerpolder, au sud; avec accessoires. Longueur . . . . 942 m. 2e partie. Jetée à travers le Hellegat, au sud-ouest, avec accessoires. Longueur . . . . . . 298 m. 1240 m. Mesures comme au N°. IV. (Mai 1842),	» 142,000.	

Numéro d'ordre.	*Dénomination de l'ouvrage et date de l'adjudication.*	*Prix.*	*Observations.*
XXIV.	Jetée à travers le Nieuwe-Meer au nord, sauf une ouverture de 100 m. Longueur . . . . . . 300 m. Mesures comme au No. III. (Mai 1842).	fl. 37,217.	Prix par mètre courant fl. 126.00.
XXV.	Canal et digue etc. à l'est du lac près d'Aalsmeer. Longueur . . . . . . 2,374 m. Mesures comme au No. III. (Juin 1842).	» 62,394.	Prix par mètre courant fl. 26.02.
XXVI.	Canal et digue etc. La partie difficile près de Harlem, désignée au § 283. Longueur . . . . . . 500 m. Mesure comme au No. III. (Juillet 1842).	» 23,400.	Prix par mètre fl. 46.80.
XXVII.	Canal et digue etc. près d'Aalsmeer, achevant l'endiguement du côté de l'est. Lougueur . . . . . . 2,825 m. Mesures comme au No. III. (Octobre 1842).	» 86,800.	Prix par mètre fl. 30.72.
XXVIII.	Batisses pour la machine à vapeur le Leeghwater près du Kaag. Situation du radier — — O A . . . . 6.50 m. Rayon de la tour . . 7.37 » Hauteur de la tour + O A . . . . 12.60 » Hauteur de la cheminée + O A . . . . . 24.00 » (Janvier 1843).	» 161,000.	Voir l'élévation et la coupe à la carte No. III.

Numéro d'ordre.	Dénomination de l'ouvrage et date de l'adjudication.	Prix.	Observations.
XXVIII*a*.	Confection et placement de la machinerie proprement dite et des pompes. (Contrat avec Mrs Fox & Co. et Harvey & Co. en Angleterre, Février 1843).	fl. 143,050.	
XXVIII*b*.	La confection (sans placement) des autres parties du Leeghwater, savoir les balanciers et les chaudières. (Contrat avec Mrs Paul van Vlissingen et Dudok van Heel, fabriquans à Amsterdam, Février 1843).	» 64,000.	
XXIX.	Batisses pour la machine à vapeur à Sparendam. Hauteur des murs + O A . . . . 6.00 m. Hauteur de la cheminée + O A . . . . . . 28.50 » Largeur des 10 roues à halette ensemble . . . 22.00 » Rayon des roues . . . 5.20 »	» 104,500.	
XXX.	Élargissement des écluses intérieures à Katwyk. (Ajoute de 2 ouvertures pareilles aux 3 existantes). (Avril 1843).	» 125,000.	
XXXI.	Réparations et entretien des ouvrages de l'endiguement du 1r Avril 1843 jusqu'au 1r Avril 1844. (Avril 1843).	» 13,400.	

Numéro d'ordre.	Dénomination de l'ouvrage et date de l'adjudication.	Prix.	Observations.
XXXII.	Les jetées à travers une partie du Liede près de Mi-chemin et le Balgeryt près du Kaag, avec quelques ouvrages accessoires. Longueur des 2 jetées .. 421 m. (Mai 1843).	fl. 44,706.	
XXXIII.	Le rehaussement de quelques parties trop affaissées de la digue de périmètre près de Sloten au nord du lac. Longueur ...... 4,000 m. (Mai 1843).	» 4,900.	
XXXIII*a*.	L'épaississement du grand essieu de la machine à vapeur de Sparendam etc. (N°. XXI*a*). (Contrat avec Mrs DIXON & Co. à Amsterdam, Juillet 1843).	» 13,513.	
XXXIII*b*.	Confection des supports pour les essieux des roues de la même machine (N°. XXI*a*). (Contrat avec Mrs DIXON & Co. Juillet 1843).	» 3,700.	
XXXIV.	Confection et placement des essieux des roues de la mécanique, pour les joindre et les séparer à volonté, et des rayons en fer pour y emmancher les palettes en bois, le tout pour la même machine (N°. XXI*a*). (Par adjudication Août 1843).	» 20,000.	

Numéro d'ordre.	*Dénomination de l'ouvrage et date de l'adjudication.*	*Prix.*	*Observations.*
XXXV.	Canal et bassin d'épreuve entre la machine à vapeur et la nouvelle écluse; et petit canal extérieur pour rendre à la navigation la communication interrompue avec la petite écluse, ainsi qu'un pont élevé dans le chemin de halage, le tout à Sparendam. Longueur du canal 462.00 m. Largeur sur O A. . 40.00 » Longueur du petit canal . . . . 615.00 »	fl. 13,500.	
XXXVI.	Écluse de fuite ou simple, servant aussi d'écluse de retenue à Sparendam, pour l'écoulement des eaux de la machine à vapeur. Longueur de l'écluse 22.00 m. Largeur de chacune des 2 ouvertures . . . . 7.00 » Hauteur des murs + O A. . . . . 3.50 » Situation du radier — O A. . . . . 3.55 »	» 94,000.	Pour cette écluse doivent être hiés 700 pilotis en sapin, et 42 pilotis en bois de chêne.
XXXVII.	Pont roulant à 9 ouvertures sur le canal de dérivation près du village de Lisse, (à l'ouest du lac) avec une habitation pour le gardien.	» 14,600.	Le pont roulant manoeuvre sur 3 ouvertures, les autres sont fermées.

www.ingramcontent.com/pod-product-compliance
Ingram Content Group UK Ltd.
Pitfield, Milton Keynes, MK11 3LW, UK
UKHW012043240726
13965UKWH00003B/1007